Diez consejos para hacer televisión sin que te demanden

Javier López Gutiérrez

DIEZ CONSEJOS PARA HACER TELEVISIÓN SIN QUE TE DEMANDEN

Prólogo por Melchor Miralles

Epílogo por Daniel Écija Bernal

Dykinson, S.L.

Este libro ha sido sometido a evaluación
por parte de nuestro Consejo Editorial
Para mayor información, véase *www.dykinson.com/quienes_somos*

Editorial DYKINSON, S.L.
Meléndez Valdés, 61 - 28015 Madrid
Teléfono (+34) 915442846 - (+34) 915442869
e-mail: info@dykinson.com
http://www.dykinson.es
http://www.dykinson.com

ISBN: 978-84-9148-216-1

Depósito Legal: M-13565-2017

Preimpresión:
Besing Servicios Gráfic os, S.L.
besingsg@gmail.com

A mi mujer y a mis hijos, por soportarme

Índice

Sobre el autor

Con veinte años de ejercicio en la abogacía a sus espaldas, desde hace una década, Javier López es el Socio director del Departamento Procesal de ECIJA, Firma líder en España en TMT (Technology, Media y Telecom), galardonada en 2016 por el diario Expansión, a partir de las votaciones de los abogados más relevantes del sector, con los prestigiosos premios a "Mejor despacho IP / IT / Datos del mercado español" y "Despacho más innovador".

Licenciado en Derecho por la Universidad Complutense de Madrid y número tres de su promoción del Master de Práctica Jurídica, entre otras distinciones, está en posesión de la Certificación Europea por el Consejo General del Poder Judicial como Experto en Cibercrimen y Evidencia Electrónica.

Especializado en temas ligados a la defensa de los derechos al honor, la intimidad y la propia Imagen, propiedad intelectual e industrial, competencia desleal, internet, redes sociales y nuevas tecnologías, ha dirigido casos de importantes clientes nacionales e internacionales, como productoras cinematográficas y de televisión, compañías de telecomunicaciones, sitios web, etc. y clientes particulares de reconocido prestigio, siendo el asesor en el día a día de diversas productoras de televisión y empresas de TMT.

Reconocido por prestigiosos rankings internacionales como Chambers & Partners y Legal 500, es profesor de diversas universidades y escuelas de negocio conferenciante habitual en distintos foros y cursos, y colaborador en medios de comunicación y diarios de tirada nacional y revistas especializadas.

Es autor de diversas publicaciones, entre las que destacan "Tutela judicial del software" (La Ley-Wolters Kluwer, 2015), "Protección legal del formato audiovisual" (Thomson-Aranzadi, 2013), "Aspectos jurídicos de las tv movies" (Thomson-Aranzadi, 2012) y "Regulación actual del product placement" (Thomson-Aranzadi, 2011).

Prólogo
Una guía para hacer bien las cosas

Por Melchor Miralles

Terminar un libro es tarea ardua. Escribir una obra jurídica que sea útil, entretenida y perfectamente comprensible es de todo punto infrecuente. Javier López Gutiérrez lo ha conseguido. Todos los que se dedican al apasionante, complejo, atractivo y miserable mundo de la producción de contenidos para la tele deben leer este libro. ¿Por qué? Para no equivocarse. Porque toda pequeña infracción es imperceptible, invisible, pero la suma de muchas pequeñas transgresiones son como los pequeños y aparentemente irrelevantes gastos que, al final, si los multiplicas, te llevan a la ruina en la cuenta corriente. Con el derecho muchas veces sucede igual. Y con los abogados es frecuente que cuando el carro se ha roto, te expliquen con detalle por dónde no debías haber pasado. Javier no es de esos, y quizá por ello ha escrito "Diez consejos para hacer televisión sin que te demanden", una obra esencial para hacer bien las cosas. Lo cual, dicho sea de paso, tampoco te garantiza librarte de una demanda, pero si te sitúa en posición de defenderte adecuada y atinadamente si llega el caso.

No es función de un prologuista destripar la obra ni pretender lucirse por delante del autor. El libro, los libros, hay que leerlos. Los prólogos ojearlos, y quizá centrarse más en el epílogo. Pero si quiero destacar algunas cosas sobre el autor y la obra que pueden ayudar al lector a arrancar con mayor conocimiento de causa y personaje. Javier escribe no desde la teoría, sino a partir de la práctica de muchos años. Puedo dar fe de ello, después de haber librado juntos mil batallas complicadas, duras, complejas, de hilar fino, buena parte de las cuales hemos ganado e, incluso en las perdidas, ha acreditado solvencia profesional y categoría humana. No escurre el bulto, no te baila el agua, y tiene arte de jurista fino, porque además de aconsejarte previamente, recorre el camino a tu lado y sabe que un buen abogado tiene además que hacerte sentir acompañado, pertrechado en la batalla, discreto, callado cuando se requiere silencio, y activo cuando la situación lo demanda. Te protege, sin aspavientos ni afectaciones. Hemos compartido muchas horas de pelea, he sido mal cliente, porque no soy sumiso, a veces he ido por libre y Javier nunca ha fallado, siempre ha tenido la habilidad de ayudarme a sortear las dificultades con sentido común, buen criterio, conocimiento de los textos legales y experiencia en secretarías, pasillos, calabozos y estrados. O sea, lo que ha de tener un buen abogado. También siendo a veces pesado para evitar que derrapes. Pero tener al lado a Javier y a su equipo de Écija Abogados desde hace tantos años me ha servido para vivir muy tranquilo.

La verdad es que siempre he tenido la sensación con Javier al lado de que ambos disfrutamos en la pelea. No pierde nunca la cara, y aunque a veces me he mirado al espejo y he considerado que tenía rostro de que me matan al final de la película, siempre aparece Javier para que termine bien. Y, sí, ambos hemos pensado muchas veces saliendo de un Juzgado o una Audiencia que la Justicia no debe ser muy justa cuando tarda tanto en concretarse y a veces ha de hacerse tan lejos.

A los periodistas, y más aún a quienes desarrollamos nuestra actividad en el ámbito de la producción televisiva y cinematográfica, nos gustan las situaciones de futuro incierto, difíciles, complicadas, pero yo siempre he tenido claro, y Javier me ha ayudado a ello, que hagas lo que hagas hay que hacerlo bien, o mejor no hacerlo, y para hacerlo bien muchas veces necesitas el consejo de un buen abogado. Nos movemos cada día en fronteras finas de colisiones entre derechos cuya resolución no es sencilla. Y ahí necesitas bisturí fino, manos expertas y cabeza encima de los hombros.

Junto a Javier he transitado por el mundo de la ficción, el entretenimiento, la información, la investigación, la denuncia y el reporterismo documental. Le he quitado horas de sueño. Ahora, con el libro, se las va a ahorrar, porque en esta obra todos quienes nos dedicamos a ello tenemos una guía útil, una suerte de catálogo práctico para hacer bien las cosas. Desde el inicio, cuando tenemos una idea, para protegerla después de tantas horas de parto. Para evitar que te la roben. Para poder ganarte la vida con ella. Para cumplir con nuestra obligación de informar a los ciudadanos sin vulnerar por el camino derechos de otros. Para utilizar las herramientas profesionales adecuadas. Y para encarar el futuro con conocimiento de causa.

No puedo evitar tener presentes las batallas jurídicas y judiciales que hemos librado juntos Javier y yo con las cámaras ocultas. Materia de enorme polémica. Presumo con orgullo de ser pionero en su utilización para hacer buen periodismo de investigación, infiltración y denuncia. Defiendo su empleo al servicio del derecho sagrado del personal a recibir información veraz. Sostengo que es legal utilizarla siempre que sea la única posibilidad de materializar la grabación que prueba un hecho relevante, veraz, delictivo, que es imposible grabar con una cámara al hombro. Hemos ganado varios pleitos, y Javier explica cómo perdimos uno que sentó una jurisprudencia en España que, estoy seguro, se va a modificar en breve, siguiendo lo establecido por el Tribunal Europeo de Derechos Humanos. Cuando se le reintegre el lícito amparo al empleo de la cámara oculta, que tantos buenos servicios a prestado a la causa de la verdad, quienes estamos por la salvaguarda del derecho a la información deberemos agradecer a Javier y a Ecija Abogados su trabajo serio, cabal y tenaz en defensa de un derecho esencial en democracia.

En fin, que hacer televisión sin que te demanden no es sencillo. A mí, la verdad, y Javier lo sabe, me preocupan poco las demandas. Lo que practico es el dejarme todo por hacer las cosas cómo se debe, atinar desde el inicio. Porque de ese modo, si llega la demanda, lo lógico es que la ganes. De hecho, las he ganado casi todas gracias a Javier y su equipo. Son ya muchos años de batalla.

El periodismo y la producción audiovisual no son, o no debieran ser, un oficio para ágrafos. Cada día hay que hacer encaje de bolillos con el teclado, el objetivo de la cámara o el sistema de montaje, y no todo el mundo vale para ello. Muchos debieran quedarse en cualquiera de las muchas oficinas de prensa, relaciones públicas, imagen o influencia que proliferan en este universo de la comunicación. Pero quienes opten por seguir este camino, lo recorrerán mejor acompañados de este libro y de un abogado como Javier, que lleva dentro, inoculado, el huevo del éxito a partir del buen hacer, y que cada día se deja horas y horas con más ganas que el resto para acompañar a los clientes en esta aventura maravillosa y a veces excesivamente canalla. Este libro es el fruto de muchos años de trabajo y de muchas circunstancias que acreditan la cualificación y la solvencia de Javier. Soy testigo. A favor, claro.

Introducción

Querido lector,

En primer lugar, quiero agradecerte que te hayas acercado a estas líneas. Este libro está escrito para ti y su finalidad es aproximar las normas que rigen el mundo televisivo a quien necesite manejarlas en su actividad profesional o tenga curiosidad por conocer las pautas que se marcan desde las asesoría jurídicas para realizar un programa y que no suelen trascender fuera de las bambalinas. Si logramos ese objetivo, será una magnífica noticia para ambos.

Debo advertir que lo que tienes en tus manos no es una receta mágica que inmunice contra los procedimientos judiciales o sancionadores (me gustaría, pero, lamentablemente, tal fórmula no existe), pero es el resultado de unos cuantos años dedicados a estos menesteres, dentro y fuera de los juzgados, y de muchas consultas de clientes y amigos que me han obligado a traducir las normas jurídicas en recomendaciones sobre cómo proceder en los casos concretos que se han ido planteando.

Por otro lado, las mil y una batallas libradas, no solo me han aportado múltiples experiencias (de todo tipo), sino, sobre todo, una perspectiva más elevada sobre la realidad de los conflictos y la forma de plantear su resolución. Sin duda, cada experiencia, buena, mala o regular, me ha enseñado mucho y me ha llevado a atesorar el conocimiento necesario para hacer mi trabajo. En este camino me han acompañado y ayudado mis compañeros de @ ECIJA_LawTech, que han hecho que las dificultades fueran más llevaderas y los éxitos, por compartidos, más satisfactorios.

No me gustaría olvidarme de los abogados -especialmente de cadenas de televisión y productoras- con los que he tenido que lidiar, unas veces enfrente, y otras, codo con codo desde la misma posición, que también han contribuido a enriquecerme y con los que, en su inmensa mayoría, las porfías no han sido óbice para mantener una fenomenal relación personal que se arrastra desde hace años con vocación de continuidad por muchos más, por lo que vaya desde aquí mi agradecimiento.

Además, durante este tiempo he sido testigo privilegiado del viaje realizado desde la televisión clásica hacia la situación actual donde reinan internet y las nuevas tecnologías, que están propiciando que el vetusto televisor vaya dejando paso a nuevas formas de consumo de los productos audiovisuales, con mayor calidad y que permiten el acceso dónde, cómo y cuándo quiera el usuario.

Y todo ello no hubiera sucedido sino fuera porque hace una década la fortuna me sonrió y, casi sin darme cuenta, me vi como responsable de litigios en el despacho de abogados líder en España en Media y Nuevas Tecnologías, gracias a que Hugo Ecija tuvo a bien confiar en mí para esta tarea. No tengo rubor en reconocerle eterna gratitud por ello, y por otras cosas. De bien nacido es ser agradecido.

Y de este bagaje han salido los consejos que aquí se aglutinan para todo aquel que se embarque en la aventura de un programa de televisión y que confío en que ayuden a tratar de prevenir conflictos. Debo apuntar que, aunque la obra no aspira a ser exhaustiva, sí aborda la práctica totalidad de las cuestiones que se me han planteado durante estos años en estas lides, por lo que creo que es bastante completa; y que su planteamiento general está hecho desde el punto de vista de las productoras y los profesionales que trabajan en ellas, como creadores de las obras audiovisuales, más que desde la perspectiva de las cadenas de televisión, encargadas de su difusión pública.

Por consiguiente, la obra no está pensada para ser un tratado doctrinal, sino que está principalmente enfocada para el uso cotidiano de todos los profesionales del mundo audiovisual, como instrumento de consulta que les ofrezca una perspectiva general y les permita afrontar las decisiones del día a día de sus producciones conociendo donde están los límites legales y la razón de los mismos.

Ese es el motivo por el que, deliberadamente, se ha huido (en la medida de lo posible) de los términos técnicos y legales que tan poco gustan y que podrían obstaculizar la comprensión de las nociones primordiales que se pretenden compartir, de forma que sean accesibles para cualquier persona que resulte interesada, con independencia de cuál sea su papel dentro del universo televisivo.

En coherencia con este planteamiento conceptual, la estructura de la obra responde a un diseño práctico ordenado en diez consejos prácticos, cuya exposición está organizada con una breve exposición sobre el contenido del capítulo, al que siguen diversos subapartados numerados, que permiten una rápida localización de las cuestiones y, consecuentemente, su contestación.

¡Vamos allá!

1.
Convertir las ideas en formatos

No cabe duda de que la televisión es un mundo fascinante. Cuando era pequeño y miraba el aparato que había en mi casa me parecía algo mágico, y ello a pesar de que, al principio, era en blanco y negro (el color llegó a nuestro hogar a principios de los ochenta) y solo había dos cadenas, una de las cuales (el "UHF") casi nunca se sintonizaba.

No debe haber nadie de mi generación que no haya visto el concurso "Un, dos, tres", "Los payasos de la tele", "El hombre y la tierra" o "Verano azul", que llegó a conmocionar a todo el país con la noticia de la muerte de "Chanquete", que, incluso, fue objeto de las portadas de los periódicos. Si bien es cierto, que no competían con una oferta alternativa, algo debían tener para que se sigan recordando.

Desde aquellos tiempos la televisión ha cambiado mucho. Seguramente ha perdido la frescura e inocencia que proporciona cualquier comienzo; y, a cambio, se ha modernizado en todos sus facetas, convirtiéndose en una actividad empresarial que requiere profesionalización (productores, directores, actores, presentadores, guionistas, cámaras, figurinistas, sastres, técnicos de sonido, etc. y, claro, también abogados) y obtención de resultados que compensen a los inversores por el capital dedicado a ello. Y esta inmisericorde exigencia a que se ven sometidas las cadenas para obtener resultados de forma inmediata ha provocado que se haya generado una cruel competición por lograr el programa más exitoso.

Resulta definitivo el dato de que los contratos de encargo de producción suelen prever la grabación de trece episodios. Sin embargo, la realidad es que la mayoría de los programas naufragan nada más empezar y que son muy pocos los que consiguen alcanzar esta cifra (y no digamos los que llegan a renovar para una segunda o posterior temporada), ya que las cadenas suelen incluir una cláusula que les permita cancelar el programa si no obtiene los resultados de audiencia esperados.

Por ello, programas como "Estudio Estadio", Informe Semanal" o "Saber y ganar" (TVE), que se mantienen muchos años en emisión, constituyen un auténtico hito, sobre todo cuando pertenecen a la televisión privada, como es el caso "Más que coches" (Telecinco) o "La ruleta de la suerte" (Antena 3), en la parrilla desde los noventa, o de "Cuarto Milenio" (Cuatro), con más de una década en antena.

En cierta ocasión tuve la oportunidad de estar en una reunión en la que, entre otras personas, también estaba un alto directivo de una cadena de televisión privada española, que se celebró en el domicilio de un personaje de los llamados "famosos", que aunque ya contaba con una posición respetable, en el pasado había sido objeto de algunos escándalos en relación con su vida privada por los que no parecía sentir especial orgullo.

Muy a su pesar, este personaje era el objeto de esta reunión, ya que se estaba debatiendo sobre si se podía o no hacer una biopic (miniserie para televisión) sobre su vida, lo que provocó que, en un momento de acaloramiento, le reprochara al directivo que la televisión que lo que hacía era "telebasura". Lejos de dejarse provocar, este directivo le replicó elegantemente que, en televisión, lo bueno y lo malo se divide en función del share de audiencia, por lo que, a la vista de los resultados de la cadena, lo que hacía no podía ser muy malo.

Y es que no puede ignorarse que existen programas que, a pesar de ser atacados por este motivo, obtienen buenos resultados y suelen mantenerse en pantalla por largo tiempo, como es el caso de "Tómbola" (FORTA), "Corazón" (TVE), "Con T de tarde" (Telemadrid), "Salsa rosa", "Aquí hay tomate", "Mujeres y hombres y viceversa" y "Sálvame" (Telecinco), etc.; que han contado con amplia aceptación del público, al tiempo que han sido cuestionados por su temática y el lenguaje usado por sus intervinientes, en ocasiones, en horario infantil.

En 2011, tratando de desmarcarse de este modelo, y tras ocho años de emisión, Antena 3 decidió cancelar el veterano programa "Donde estás corazón" y todos los espacios relacionados con la llamada prensa del corazón, con la vocación de centrarse en otros contenidos. Si bien es cierto que la cadena hizo un esfuerzo promocional en destacar su nueva orientación, es probable que en esta decisión influyera también el hecho de que Telecinco solía superarle en resultados de audiencia en este target, posiblemente, debido al tono más mordaz de sus programas.

Sea como fuere, no cabe duda de que estos contenidos tienen sus adeptos, al igual que los dedicados al futbol, la política, etc. y han de respetarse y tenerse en cuenta como respuesta a la soberanía que tienen los telespectadores para elegir los espacios que sean de su agrado. Desde luego, no es este el lugar para calificar (ni el autor es quien para ello) si hay programas con más o menos calidad o si la función social de la televisión debe ser educativa o simplemente es un mero instrumento de entretenimiento para distraer al personal de sus problemas mundanos. Seguramente, la virtud estará en el medio, como decía el filósofo.

En todo caso, sin entrar en el polémico debate de lo debe o no tener cabida en televisión, ya sea por lograr el espinoso objetivo de conseguir buenos datos de audiencia, ya sea por confeccionar una programación con unos determinados estándares de calidad; o ya sea por intentar combinar ambas cosas, lo cierto es que hacer televisión es, por definición, un arte.

1.1. ¡Se me ha ocurrido una idea!

Y, como cualquier actividad artística, para que exista una gran obra es inevitable que le preceda una buena idea, que se distinga de lo ya existente, que resulte atractiva y, sin duda, que sea del agrado del público que, al fin y al cabo, es el insobornable juez máximo que decidirá inmisericordemente si nuestra creación debe pasar a la historia de la televisión o caer en el mar del olvido.

Para constatar tan irrefutable verdad basta detenerse a ver cualquier espacio en el que se rememoren antiguos programas ("Viaje al centro de la tele" y "Ochentéame otra vez" de TVE,

"Los más..." y "Tal como éramos" de Antena 3, "Top trending tele" de La Sexta, "I love TV" de Telecinco, "El zapping de los surferos" de Cuatro, etc.), donde puede comprobarse lo efímero que puede llegar a ser el recuerdo.

Sin embargo, las meras ideas, como elucubración del pensamiento, no son protegibles legalmente, de manera que, para gozar de protección, es imprescindible que las mismas se hayan materializado de forma estructurada en una creación original (en nuestro caso, en una obra audiovisual), por cualquier medio o soporte, tangible o intangible, actualmente conocido o que se invente en el futuro.

Por tanto, es necesario que la obra reúna tres requisitos: haber sido realizada por el ser humano, estar expresada por cualquier medio o soporte y ser original. La razón que lo justifica es que nadie puede apropiarse de las ideas, que se consideran patrimonio común de la humanidad y, en consecuencia, libres y disponibles para cualquiera, con la finalidad de no impedir el avance del conocimiento y la creatividad cultural.

Esto significa que no es posible retener en exclusiva, por ejemplo, la idea de hacer una serie de televisión consistente en un concurso de cocina. Sin embargo, si gozarían de protección las materializaciones que se hayan hecho de esta idea, como "Master Chef" (TVE), "Top Chef" (Antena 3), "En mi cocina mando yo" (Divinity), "Little Chef" (Telemadrid), etc. En consecuencia, la tenue línea que separa la mera idea sobre un formato televisivo de una obra digna de protección legal es su materialización en un programa de televisión.

Asimismo, aunque la propiedad intelectual de una obra audiovisual corresponde a su autor por el solo hecho de su creación, por lo que, como veremos más abajo, no se requiere mayor formalidad para la adquisición de su titularidad; por una cuestión de prueba, es recomendable que el formato esté registrado de alguna forma y, mejor aún, que se haya producido su difusión pública mediante la emisión del programa; por lo que si contamos con esto, también habría que resaltarlo en la contestación.

Pero en ocasiones, esta comunicación epistolar no es suficiente y el asunto termina en los juzgados, como ocurrió con la reclamación que se hizo por el supuesto plagio de un libro por la serie "El internado" (Antena 3), donde los tribunales dictaminaron que tal plagio no existía, pues, aunque se produjeran ciertas similitudes, las mismas no son suficientes para apreciar la existencia del plagio, por cuanto, o bien son propias de un subgénero narrativo, o pueden ser explicadas como creaciones independientes cuyas fuentes de inspiración son muy diferentes.

En resumen, desde un punto de vista positivo, la materialización de la idea en un formato televisivo resulta imprescindible para que esas ideas que podamos visualizar en nuestra cabeza en un momento dado y que se antojan como un gran proyecto, no queden en agua de borrajas; y desde un punto de vista negativo, precisamente, dicha materialización posibilitará que podamos protegerlo frente a las injerencias de terceros, ya sea reclamando su titularidad, ya sea ansiando obtener un ilícito lucro a costa de nuestro esfuerzo.

Si le sirve de consuelo al lector, el que suscribe también tuvo una idea un día (escribir este libro), lo que, en principio, parecía una tarea no demasiado difícil, teniendo en cuenta que se presume que las cuestiones a tratar son bien conocidas por el autor, por lo que debería haber estado finalizado en un abrir y cerrar de ojos. Sin embargo, como todo proceso creativo, resultó más costoso de lo previsto inicialmente, pues fue necesario materializarlo de forma adecuada para que realmente existiera la obra que tienes ahora en tus manos.

1.2. ¿Tiene valor un formato?

Esta es sin duda una buena pregunta. Por una parte no se puede ignorar que en la industria televisiva el formato es un producto que tiene una gran importancia comercial, ya que se crean, producen, explotan, venden, licencian y exportan formatos todos los días, algunos de ellos por cantidades millonarias.

Sin embargo, también es cierto que podría pensarse que tienen un valor relativo, pues los tribunales españoles no suelen estimar las demandas por vulneración de formatos, decantándose, unas veces, por no considerar aplicable la normativa de propiedad intelectual; y, otras veces, por pasar el formato por un estricto tamiz para comprobar su originalidad y creatividad, que suele conducir a permitir la convivencia del formato original con el teóricamente infractor.

Además existe una cuestión de oportunidad, de la que son conscientes las grandes productoras, que aconseja evitar los litigios que deliberen sobre la protección de los formatos, pues no son tantas las productoras en todo el mundo que crean y comercializan nuevos formatos, por lo que someter a debate la protección de su propio producto no parece una buena idea.

Esta es la razón por la que los conflictos sobre formatos procuran resolverse por el propio mercado fuera de los juzgados o antes de recaiga sentencia mediante acuerdos transaccionales. Así ocurrió en la contienda que mantuvieron GRUNDY y GESTMUSIC (filiales españolas de las productoras multinacionales FREMANTLE MEDIA y ENDEMOL) en relación con la vulneración del formato "Got talent", usado en el programa "Tienes talento" (Cuatro) por el programa "Tú sí que vales" (Telecinco). Por los caprichos del destino, hoy en día ambas cadenas pertenecen a Mediaset y fue la propia Telecinco la que acabó emitiendo un programa bajo este formato llamado "Got talent España".

Y aquí aparece la gran cuestión. Si la protección de los formatos es tan problemática, ¿para qué adquirir los derechos sobre el formato de un tercero?, pues ¿no sería más rentable cambiar algunos elementos del programa para eludir pagar los derechos de su licenciamiento?

A primera vista parecería que la respuesta podría ser proclive a ignorar los derechos de terceros, pero no debe olvidarse que el formato no sólo es la idea abstracta de un programa de televisión, sino que con su licencia también se adquiere el know-how, la experiencia y el estilo en la forma de haber hecho el programa anteriormente con éxito, que muchas veces marca la línea entre el triunfo y el fiasco.

1.3. CREACIÓN DEL FORMATO

Una vez que tenemos la idea sobre el programa de televisión que queremos hacer, necesitamos convertirla en un formato. Y es aquí donde entra en juego el proceso creativo, que es el instrumento por el que una mera idea se desarrolla, mediante la inversión de tiempo, esfuerzo y dinero, hasta lograr convertirla en un auténtico formato, que se desarrollará con la biblia, guiones, escaletas, etc. hasta finalmente grabar un programa piloto que pueda ser presentado a un potencial comprador.

De esta forma, en primer lugar, necesitamos confeccionar un "program format" o "formato programa", que contenga la descripción escrita de la estructura y elementos característicos que puede advertirse y aparece subyacente cuando se ve el programa de televisión. Está compuesto por el acopio de los conocimientos adquiridos durante el proceso de producción del programa y permitiría a otra productora realizar el mismo programa en cualquier territorio.

Por ejemplo, si nos preguntan si el programa "Un, dos, tres..." tiene formato propio, probablemente responderemos que sí, ya que nos permite identificarlo claramente y distinguirlo de otros programas de televisión, a pesar que a lo largo de sus años de emisión cambió muchas veces de presentadores, azafatas, mascotas, vestuario, colaboradores, etc.

Dicho esto, no es difícil que se confunda el propio formato con el programa en sí mismo, de forma que muchas veces se tiende a proteger este último en lugar del formato. Y es que el formato no es siempre fácil de definir y concretar, lo que, en consecuencia, dificulta su protección.

En más de una ocasión me han consultado si se había producido una vulneración de un formato, ya que se había emitido un programa que, en palabras del afectado, era una "copia evidente" de otra. Sin perjuicio de que más abajo veremos las pautas para distinguir cuándo existe protección legal del formato, lo cierto es que no son pocas las veces que resulta complicado determinar dicha infracción ante la generalidad del formato, que provoca que se relaje su protección.

Y es que han sido sonadas las polémicas surgidas en relación con algunos formatos bastante parecidos, como "Splash!, famosos al agua" (Antena 3) y "Mira quien salta" (Telecinco); "Al ataque" (Telecinco) y "El club del chiste" (Antena 3); "Cántame una canción" (Telecinco) y "Quiero cantar" (Antena 3); etc.

A los tribunales llegó el litigio surgido entre Telemadrid y TVE por la realización del programa "España Directo" imitando el formato de "Madrid Directo", en el que obtuvo sentencia favorable la primera y que se reavivó con el programa "Españoles por el mundo" emitido por TVE, con idéntico formato a "Madrileños por el mundo" (Telemadrid) y sus programas gemelos de otras televisiones autonómicas de la FORTA como "Andaluces por el mundo" (Canal sur), "Valencianos por el mundo" (Canal 9), "Vascos por el mundo" (EITB), etc.

Estos conflictos también se producen cuando la acusación de plagio viene motivada por el "traslado" de un programa de una cadena de televisión a otra, como fue el caso de "Aquí no hay quien viva" (Antena 3) y "La que se avecina" (Telecinco); "El gato al agua" (Intereconomía) y "El cascabel" –al que inicialmente le seguía la coletilla "al gato"– (13 TV);"Viajando con Chester" (Cuatro) y "Al rincón de pensar" (Antena3); o "En tu casa o en la mía" (TVE) y "Tu casa es la mía" (Telecinco).

Pero esta competencia no se limita al estricto espectro televisivo y esta situación también se ha producido en el caso de la exitosa película "Ocho apellidos vascos", producida por Telecinco cinema, tras lo cual apareció la serie "Allí abajo" (Antena 3), ambas con un mismo sustrato basado entre los conflictos entre las idiosincrasias vascas y andaluzas en clave de humor.

Por ello es conveniente hacer un "paper format" o "formato papel", en el que se incluya la descripción escrita de la mecánica del programa y sus elementos característicos. Además de servir de soporte para concretar y registrar el formato, puede utilizarse como herramienta comercial para ofrecerlo a las productoras y cadenas de televisión.

Por último, por si alguien ha tenido la idea de hacer un programa de televisión de informativos, debe dejarse advertido que se considera de forma generalizada que los noticiarios, ya sean generales, de deportes, información meteorológica u otros, no poseen un formato individual protegible. De esta forma, por ejemplo, el valor añadido que aportan cadenas como "Euronews" o "Canal 24 horas" de TVE radica en el suministro constante de noticias en pequeñas píldoras que ayude a recabar el interés del espectador, sin que este formato sea apropiable ni transmisible.

1.4. ¿De qué tipo es mi formato?

Aunque la categoría que se le asigne al formato no tiene mayor trascendencia ni efecto jurídico, es conveniente definirlo de cara a determinar el target de público al que pretende dirigirse el programa. Como todo en la vida, se podrían hacer tantas clasificaciones de formatos como clasificadores haya. Dicho esto, se acostumbra a dividirlos en dos variedades: "Drama" y "Entretenimiento".

Dentro del "Drama" estarían las comedias de situación o "sitcoms", que a veces incluyen risas (previamente grabadas o en vivo), como la mítica serie "Cheers" (TVE), "Las chicas de oro" (TVE), "The big bang theory" (Neox), "Cómo conocí a vuestra madre" (Neox), etc. Algunos ejemplos de producción nacional son "Camera café" (Telecinco), "Aquí no hay quien viva" (Antena 3), "La que se avecina" (Telecinco), "Manos a la obra" (Antena 3), "Anclados" (Telecinco), "Escenas de matrimonio" (Telecinco), "7 vidas" (Telecinco) y su spin off "Aída" (Telecinco), etc.

También tendríamos las teleseries, historias ficticias serializadas, con final abierto y emitido por temporadas, como, por ejemplo, la longeva "Cuéntame cómo pasó" (TVE), "El comisario" (Telecinco), "Compañeros" (Antena 3), "Hospital central" (Telecinco),"BuenAgente" (La Sexta), "Lex" (Antena 3), "Al salir de clase" (Telecinco), "Periodistas" (Telecinco), "Águila Roja" (TVE), "Vis a vis" (Antena 3), "Los Serrano" (Telecinco), "Con el culo al aire" (Antena 3) y más recientemente "B&B, de boca en boca" (Telecinco), "Gym Tony" (Cuatro), "Allí abajo" (Antena 3) o "El Ministerio del tiempo" (TVE).

En este apartado es de justicia destacar a dos series de producción nacional como son "Médico de familia" (Telecinco) y "Farmacia de guardia" (Antena 3), cuyo gran mérito no solo pasó por sus éxitos de audiencia y permanencia en emisión, si no porque, por primera vez, el público español comenzó a decantarse por series hechas en España frente a las que se importaban del extranjero, en especial las norteamericanas. Afortunadamente, esto ha llegado a tal punto que hoy en día existen cadenas como Factoría de Ficción o Atreseries TV, cuya programación se centra en la emisión de series españolas.

Y, finalmente, los seriales, de emisión diaria, con una trama central que se va desarrollando. Es el caso prototípico de las fotonovelas hispanoamericanas que empezaron a popularizarse en España en los años noventa como "Cristal" (TVE), "La dama de rosa" (TVE) y "Los ricos también lloran" (TVE); lo que luego se ha adaptado al estilo patrio en series como, "Yo soy Bea" (Telecinco), "Amar en tiempos revueltos" (TVE), "El tiempo entre costuras" (Antena 3), etc.

En cuanto a los de "Entretenimiento", tenemos los "reality shows", que convierten la realidad en espectáculo, cuyo inicio en España vino marcado por programas como "¿Quién sabe dónde?" (TVE), aunque su consolidación se produjo con "Gran Hermano" (Telecinco), al que siguieron "Gandía Shore" (MTV), "¿Quién vive ahí?" (La Sexta), "Granjero busca esposa" (Cuatro), "Alaska y Mario" (MTV), "Quién quiere casarse con mi hijo" (Cuatro), "El jefe infiltrado" (La Sexta), "Un príncipe para tres princesas" (Cuatro), "La isla de los famosos" (Antena 3), "Supervivientes" (Telecinco), "First dates" (Cuatro), etc.

También estarían los programas de entrevistas o "talk shows", que pueden estar centrados en temas políticos, como "El objetivo" (La Sexta), "Al rojo vivo" (La Sexta), "59 segundos" (TVE); o versar sobre temas más mundanos, como "El programa de Ana" (Telemadrid), "El Diario de Patricia" (Antena 3) o los lacrimógenos "Lo que necesitas es amor" (Antena 3), "Hay una cosa que te quiero decir" (Telecinco) y "El amor está en el aire" (Antena 3).

Cuando se emiten en torno a la medianoche se les llama "late shows". Aunque si bien es cierto que tenían su antecesor en los programas de José María Iñigo emitidos en la TVE de los años setenta como "Estudio abierto", "Directísimo", etc., puede decirse que, en su versión moderna, en España se estrenaron con "Esta noche cruzamos el Mississippi" (Telecinco) y sus inolvidables Lucas Grijander y krispin klander, al que han sustituido otros como "Crónicas Marcianas" (Telecinco), "Buenafuente" (Antena 3), "En el aire" (La Sexta), "Late motiv" (#0), etc.

Asimismo, están los "docu-soap" o documentales sobre la realidad tratado en modo ficción como "La casa de empeños" (Mega), "Empeños a lo bestia" (DMax), "Los restauradores" (DMax), "Hermano mayor" (Cuatro), "Supernanny" (Cuatro), "Princesas de Barrio" (La Sexta), "Los gipsy kings" (Cuatro), "Palabra de gitano" (Cuatro), "Cazadores de subastas" (DMax), "Callejeros" (Cuatro), "Madrileños por el mundo" (Telemadrid), "Españoles por el mundo" (TVE), "21 días" (Cuatro), "Conexión Samanta" (Cuatro), "Nueve meses con Samanta" (Cuatro), "Algo pasa con Ana" (DKiss), etc.

Especialmente populares son los "games" o concursos, como el añorado "Un, dos, tres,..." (TVE), "Vip noche" –y sus distintas versiones– (Telecinco), "El precio Justo" (TVE), "Su media naranja" (Telecinco), "La ruleta de la fortuna" (Antena 3), "El gran juego de la oca" (Antena 3), "El Gran Prix del verano" (TVE), "Pasapalabra" (Telecinco), "¿Quién quiere ser millonario? (Antena 3), "Date el bote" (EITB), "El juego de tu vida" (Telecinco), "Atrapa un millón" (Antena 3), "Ahora caigo" (Antena 3) o el incombustible "Saber y ganar" (TVE).

Pero los más comunes son los llamados "magazines", de múltiples formas y temáticas, que aglutinan entrevistas, debates, concursos, espectáculos en vivo, etc., como "El programa de Hermida" (Antena 3), "Pasa la vida" (TVE), "Las mañanas" (TVE), "Noche de fiesta" (TVE), "El programa de Ana Rosa" (Telecinco), "Espejo público" (Antena 3), "¡Qué tiempo tan feliz!" (Telecinco), "El hormiguero" (Antena 3) o el popular "Sálvame" (Telecinco).

Algunos de ellos se especializan en comentar noticias de actualidad en tono crítico y humorístico, como sería el caso de "Caiga quien caiga" (Telecinco), "El informal" (Telecinco), "El Intermedio" (La Sexta), "El show de Flo" (TVE), "Tonterías las justas" (Cuatro), "Otra movida" (Neox), "Polonia" (TV3), "Crackòvia" (TV3), "Se lo que hicisteis..." (La Sexta), "Zapeando" (La Sexta) o los provocadores "guiñoles" de Canal +, que se hicieron muy famosos a partir de la década de los noventa y que se vieron envueltos en una ardua polémica en su versión francesa por las acusaciones de dopaje imputadas al tenista Rafa Nadal y otros deportistas españoles.

En los últimos tiempos han cogido mucho auge los "talent shows" o concursos de talentos como "Operación Triunfo" (TVE y Telecinco), su precursor en España, al que le siguieron "Factor X" (Cuatro), "Tú sí que vales" (Telecinco), "Tienes talento" (Cuatro), "Got Talent" (Telecinco), "Master Chef" (TVE), "Top Chef" (Antena 3), "En mi cocina mando yo" (Divinity), "Little Chef" (Telemadrid), "Tu cara me suena" (Antena 3), "La voz" (Telecinco), "El número uno" (Antena 3), "Levántate All Stars" (Telecinco), "Insuperables" (TVE), "Pequeños gigantes", (Telecinco), "Top dance" (Antena 3), "Eso lo hago yo" (La Sexta), "Virtuosos" (TVE), "Fenómeno fan" (Disney Channel), etc.

Categoría autónoma formarían los programas dedicados al público infantil, que en España se popularizaron en los años ochenta con programas como "Barrio Sésamo", "Dabadabadá", "El kiosco" o "La bola de cristal", que entonces generó tanta polémica y acabó convirtiéndose en un programa de culto. Más recientemente, tenemos programas como "Club Disney" (Telecinco), "Megatrix" (Antena3), "Art Attack" (Disney Channel), etc.

Por último, podemos hacer referencia a los programas temáticos de deportes, cocina, bricolaje, tauromaquia, religiosos, de medicina, como "Más vale prevenir" (TVE) de Ramón Sánchez-Ocaña, que se mantuvo ocho años en antena en la década de los setenta, e, incluso de sexo, como el polémico "Hablemos de sexo" (TVE) de la doctora Ochoa. Entre ellos cabe destacar los dedicados a actuaciones musicales, como "300 millones" (TVE), "A tu vera" (RTV Catilla-la Mancha), "La edad de oro" (TVE), "Aplauso" (TVE), "Tocata" (TVE), "RockoPop" (TVE), "Música sí" (TVE), etc., cuyo formato ha generado tanto interés que han dado lugar a cadenas especializadas con Los 40, MTV, Viva, Kiss TV, Hit TV, etc.; y los orientados a los géneros del terror, inaugurado con las "Historias para no dormir" de Chicho Ibáñez Serrador en 1966 y del misterio, iniciado por Fernando Jiménez del Oso con su "Más allá" (TVE) en 1976 y que han tenido continuidad con "El otro lado de la realidad" (Telemadrid), "Al otro lado" (Telecinco) o el exitoso "Cuarto Milenio" (Cuatro).

Una vez que tenemos claro lo que queremos hacer y cómo la vamos a hacer, podemos ponernos manos a la obra con la actividad creativa que se materializará en nuestro formato. Sin perjuicio de ello, no hay que perder de vista la necesidad de tenerlo adecuadamente protegido, según veremos en el siguiente capítulo.

2.
Proteger el formato

Sin perjuicio de que, como se adelantó en la introducción, la obra que tienes en tus manos no pretende ser un aburrido manual de leyes, es necesario hacer referencia a algunas cuestiones relativas a la regulación y a la doctrina de los tribunales que le es de aplicación para poder situar la protección legal que se confiere a los formatos, o más bien, la que no se suele conferir.

Y es que, aunque en ocasiones se nos acusa a los abogados –seguramente, a veces, con razón– de plantear demasiados problemas y de poner trabas a la consecución de negocios, aprovecho la ocasión para aclarar que, si bien es cierto que los abogados debemos hacer un esfuerzo por abandonar el dogmatismo y analizar qué cuestiones son realmente cruciales a la hora de condicionar la actividad del cliente con nuestro asesoramiento; también es cierto que nuestro trabajo no pasa por hacer de palmeros, sino que tenemos la obligación de advertir sobre los posibles riesgos que veamos, por más que pueda generar disgusto a nuestro cliente.

Con la perspectiva que dan los años, la experiencia me dice que, además, esta es, precisamente, la fórmula para lograr que tus opiniones sean respetadas y tenidas en cuenta, pues, aun habiendo tenido que sufrir el enojo de algún cliente por ponerle más trabas legales de las que hubieran sido de su agrado, pasado el tiempo, ese mismo cliente ha agradecido el consejo, pues acaba dándose cuenta de que se le recomendó lo mejor para él, aún a riesgo de perder su confianza, cuando lo más sencillo hubiera sido decirle lo que quería oír.

Por ello, sin cuestionar que lo primordial es la actividad creativa que culmina con el programa de televisión en cualquiera de sus facetas (desde los productores y actores hasta el último de los que aportan su talento para tal fin), que es lo que le da razón de ser a todos los que trabajamos en torno al mundo televisivo, es fundamental conocer el marco legal en el que debe realizarse esa creatividad, por lo que animo al lector a que repase con avidez las pautas que se marcan en esta obra para no sufrir estériles desengaños.

Como veremos a continuación, en el caso particular de la protección de los formatos, se presenta el inconveniente añadido de que ni siquiera es fácil conocer esas pautas legales, por lo que vaya ya desde ahora mi recomendación a ser lo más estricto posible en el cumplimiento de los requisitos legales y agotar los medios para la formalización de la existencia del formato.

2.1. Protección de los formatos fuera de España

En Estados Unidos, meca de la industria audiovisual, al igual que en nuestra legislación, las ideas no son protegibles y, dando un paso más, la jurisprudencia norteamericana ha establecido que tampoco se protegen las "scenes a faire" (escenas que surgen naturalmente de las premisas de la trama básica), debido a que se entiende que los programas del mismo género o materia tienen inevitablemente elementos comunes.

De esta forma, para determinar si dos obras son substancialmente similares se realiza un análisis dual con dos pruebas: una extrínseca mediante una evaluación objetiva sobre las similitudes en el esquema, tema, dialogo, ánimo, ambientación, ritmo, personajes y secuencia de eventos; y si se supera esta prueba, se hace otra intrínseca, más exhaustiva, para determinar si las similitudes van más allá de las necesidades del tema y descartar que se haya debido a un "accidente literario". Así, los tribunales norteamericanos tienden a desestimar las reclamaciones judiciales por plagio de formatos por entender que no hay similitudes substanciales.

En Argentina, también su normativa y jurisprudencia parten del principio básico de que las ideas no son obras y su uso es libre, que a nadie pertenecen en exclusividad y que nadie puede pretender tener un monopolio de explotación sobre ellas. Incluso, existe una corriente que defiende que los formatos de los programas de televisión, en particular los de entretenimiento, no reúnen por sí mismos los elementos de creación personal y original del espíritu, ni contienen una novedad que los haga protegibles.

Sin embargo existe alguna resolución judicial que determinó la existencia de plagio, no protegiéndose elementos particulares del programa, como por ejemplo, guion, escenografía, coreografía, música, etc., ni tampoco el programa en sí mismo, en su carácter de obra audiovisual, sino lo que se reconoció como objeto protegible bajo el derecho de autor es la estructuración del programa, es decir el formato.

Pasando al viejo continente, en Dinamarca en 1999 se consideró que el programa llamado "Kvit eller Dobelt" emitido por Denmark Radio había infringido el formato de "Who wants to be a millionaire", propiedad de la compañía americana CELADOR, definiendo el formato de televisión como un conjunto de ideas que no podría ser protegido, sin perjuicio de que el formato escrito de un programa sí puede ser protegido cuando exista un parecido sustancial.

En la misma línea, la jurisprudencia alemana estableció que el programa "Dalli Dalli", un formato de entretenimiento que combinaba actuaciones musicales, interpretaciones escénicas, entrevistas, etc. no estaba protegido por el derecho de autor, aunque sí lo estaban los guiones.

Pero quizás la más famosa sea la sentencia dictada por la justicia holandesa en 2000 en relación con el conflicto surgido con los formatos "Big brother" y "Survivor", que estableció que éste no se ha copiado esencialmente de aquél por considerar que la combinación de los elementos del formato no es bastante original y suficientemente elaborada como para poder beneficiarse de la protección de los derechos de autor.

2.2. ¿EXISTE NORMATIVA SOBRE EL FORMATO?

Lo cierto es que en España no existe una normativa específica que regule el formato televisivo. Ya he comentado en algún otro sitio que entiendo que hubiera sido una buena oportunidad aprovechar la promulgación de la Ley General de la Comunicación Audiovisual en 2010 para regularlo, y que presumo que no se hizo por la compleja tarea que supondría regular los formatos cuando ni la propia jurisprudencia de los tribunales ha podido marcar unos parámetros suficientemente claros.

De esta forma, resulta necesario acudir a la normativa general sobre propiedad intelectual para establecer las pautas que determinen su nivel de protección: pues bien, se define la obra audiovisual como una creación expresada mediante una serie de imágenes asociadas, con o sin sonorización incorporada, que está destinada esencialmente a ser mostrada a través de aparatos de proyección o por cualquier otro medio de comunicación pública de imagen y sonido.

Por consiguiente, a la luz de lo anterior, para que un formato pueda ser considerado obra audiovisual y pueda, por tanto, contar con protección legal, deberá estar plasmado en un soporte, tangible o intangible y tendrá que tener una estructura, complejidad y desarrollo diferente y novedoso respecto a otras creaciones anteriores. De esta forma, cuanto más detallado y elaborado sea un formato, más fácil será defender que éste es original y goza de suficiente creatividad.

Dicho esto, en España existen dos corrientes sobre la protección de los formatos. Una se posiciona contraria a su amparo debido a que consideran que el formato televisivo carece de protección propia a través de la propiedad intelectual, pues la experiencia adquirida durante la grabación de los programas preexistentes se tutelaría indirectamente a través de los derechos que tengan por objeto los diversos programas ya realizados como sus guiones, decorados, melodías y el formato escrito en que estos se basaban.

Y la otra tendencia, que sería favorable a que los formatos gocen de forma autónoma de la protección del derecho de autor que confiere la propiedad intelectual, en cuanto a la expresión formal de los mismos y en la medida que cumplan con los requisitos de originalidad, creatividad y novedad.

Respecto a su titularidad de la obra audiovisual, la normativa indica que lo son los autores del argumento, la adaptación y los del guion o los diálogos, y que corresponde al autor el ejercicio exclusivo de los derechos de explotación de su obra en cualquier forma y, en especial, los derechos de reproducción, distribución, comunicación pública y transformación, que no podrán ser realizadas sin su autorización, salvo en los casos previstos en la ley.

En este sentido, hay que precisar que, con respecto a la propiedad del formato, los derechos de explotación pueden ser propiedad de la productora por haber sido cedidos por el autor del mismo, mientras que los derechos morales y de remuneración equitativa son irrenunciables por ley, por los que seguirán perteneciendo al autor, incluso, aunque en el contrato de cesión de derechos de propiedad intelectual se hubiera hecho constar que se ceden todos los derechos del formato.

Tampoco podría un tercero, sin el consentimiento del titular de la obra, transformar la obra, lo que comprende su traducción, adaptación y cualquier otra modificación en su forma de la que se derive una obra diferente. Este aspecto es fundamental, ya que los casos de conflictos entre formatos no se generan por un plagio total y absoluto, sino por las marcadas similitudes entre ambos que podrían considerarse una evolución (transformación) del formato plagiado hacia el plagiador.

En consecuencia, por aplicación de lo anterior, si se le concede al formato la categoría de obra protegible por reunir los requisitos necesarios para ello, su titularidad otorga a su propietario una protección en sentido positivo, esto es, le autoriza a disponer, explotar y transformar el formato con carácter de exclusividad; y en sentido negativo, que le permite prohibir a terceros su uso, explotación y transformación.

2.3. Posición de los tribunales españoles respecto de los formatos

Seguramente el litigio más conocido en España en tema de formatos, y que constituye antecedente de todos los demás, fue el que se dirimió en relación con la exitosa serie "Médico de Familia" (Telecinco), donde se acusaba de plagio de un argumento titulado "Tres hijos para mí solo" por coincidir en que ambas tenían como protagonistas a un viudo con tres hijos y que el protagonista tenía coche, amigos, los abuelos se preocupan de sus nietos y la familia se reunía en la cocina de la casa.

La sentencia que resolvió el procedimiento reconoció que los programas confrontados parten de una idea similar, pero se diferencian en la peripecia, en el desarrollo, en la estructura y en el tono, ya que las coincidencias son tópicos existentes en cualquier historia de ficción o de la realidad y un viudo con hijos es el hilo conductor de numerosas series televisivas como "Padres forzosos", "Tony Randall Show", "Nido vacío", "Tres en la carretera" o "Bonanza".

Si hubiera que hacer un balance para hacerse una idea de cómo está la situación, hay que advertir que en muchas ocasiones la jurisprudencia no ha estimado las demandas interpuestas por plagio de un formato televisivo por considerar que carecen de suficiente originalidad para ser acreedores de protección. De esta forma, haciendo una exposición sintética de las sentencias de nuestros tribunales en esta materia (aunque la muestra no es exhaustiva, es suficientemente amplia), podemos llegar a las conclusiones que exponemos a continuación.

De una parte, se produjeron sentencias desestimatorias –esto es, que no consideran protegible el formato del demandante– en los conflictos entre "Queridos padres" (Telecinco) y "De tal palo tal astilla" (Canal Sur), donde, admitiendo la existencia de semejanza y similitud entre los formatos (ambos eran concursos en los que los participantes, padres e hijos, debían contestar a preguntas para determinar su grado de compenetración), se entendió que la forma en que se desarrollan fue diferente; "Habitat" (TVG) y "La casa de tu vida" (Telecinco), donde se entendió que se trataba de una idea desprovista de originalidad, ya concebido e impuesto con anterioridad por "Gran Hermano"; "Parquelandia" y "El gran juego de la Oca" (Antena 3), donde se dispuso que nos hallamos ante el desarrollo de una idea no original (juego de la Oca); "La Gran Manzanilla" y "Aquí no hay quien viva" (Antena 3), donde se consideró que la idea argumental material no es verdaderamente original, al ser general o común en su planteamiento y, por tanto, susceptible de ser utilizada por cualquiera para el desarrollo de una trama argumental variada y distinta; "La Botica de la Abuela" (TVE) y "La Botica de Txumari" (Antena 3), donde se estableció que no cabe apropiarse la exclusiva a utilizar temáticas que por su propia naturaleza y en sí mismos tienen que tener un hilo conductor común y unos mismos espacios físicos como una cocina, una comisaría, un hospital, una sala de audiencia, etc.; "Epílogo" (Canal +) y "Epitafio", consistente en emitir entrevistas de personas con posterioridad a su fallecimiento, donde se dispuso que ha de producirse un salto cualitativo entre las meras concepciones generales y su plasmación pormenorizada y estructurada.

Y por otro lado, se produjeron sentencias estimatorias, en las que se concedió al formato la protección solicitada en los casos de la controversia entre "El Concurso del Siglo" y "El gran Concurso del Siglo" (TVE), donde se consideró que el formato contiene suficientes notas de originalidad y novedad para atribuirle la consideración de obra creativa objeto de propiedad intelectual; "Madrid Directo" (Telemadrid) y "España Directo" (TVE), que estableció que ambos programas presentan un formato idéntico, fácilmente reconocible por el telespectador al que se dirige, sin perjuicio de que existan algunas diferencias no esenciales; y "España pregunta, Belén responde" (Telecinco) y "Tengo una pregunta para Ud." (TVE), donde se estableció que se trataba de un formato idéntico, al entender que es fácil deducir que los espectadores habituales de "Tengo una pregunta para Ud." conocían su prestigio y fama, lo que provoca un efecto de atracción por el mismo formato presentado por Telecinco, pero referido a un personaje distinto, habitual de la denominada "prensa rosa" (la popular Belén Esteban).

2.4. Teoría del elemento añadido

A pesar de ser una cuestión fundamental para poder tomar decisiones acertadas, a la vista de este panorama jurisprudencial, no resulta fácil determinar cuándo un formato contaría con protección legal y cuando no; y, lo que es más importante, cuándo esta protección confiere el derecho a que no pueda existir otro formato parecido, como ha ocurrido en muchas ocasiones en la práctica, habiéndose permitido la convivencia de los dos formatos en conflicto, por entender que ambos tienen suficiente originalidad y creatividad.

Y es que, al menos aparentemente, resulta complicado detectar la diferencia entre los supuestos en que los tribunales llegan a la conclusión de que existe identidad entre los formatos y en los que no, ya que, en apariencia, las circunstancias se antojan análogas.

Para tratar de resolver este enigma hace años que sostengo lo que llamo la teoría del elemento añadido, consistente en que para conseguir una sentencia estimatoria sería necesario que el demandante, además de probar la titularidad, originalidad, creatividad y novedad del formato, acreditase al tribunal que existió un "elemento añadido" como la presentación previa del formato al demandado, el trasvase masivo de trabajadores o el licenciamiento de un formato prexistente, elementos que han influido favorablemente en las reclamaciones que han prosperado.

En efecto, en el caso de "El Concurso del Siglo", la sentencia recoge expresamente que el demandante presentó el formato a la demandada, ya que "En esa misma fecha remitió el Proyecto-Memoria al Productor Ejecutivo de Televisión Española ofreciéndoselo para la realización de un concurso en base a ese proyecto"; en el caso de "Madrid Directo", la sentencia alude a que se produjo un trasvase en masa de trabajadores de una cadena a otra y que "la mayoría de ceses de trabajadores se produjo días antes de iniciarse la emisión de Madrid Directo y que estos trabajadores se incorporaron inmediatamente al equipo de España Directo"; y en el caso de "Tengo una pregunta para Ud.", la sentencia considera acreditada la existencia de un contrato de licencia suscrito entre Televisión Francaise 1 y TVE, por lo que cabe concluir que nos encontramos ante un formato televisivo digno de protección respecto del que la demandante ha adquirido los derechos que se detallan en tal contrato.

Hay que advertir que, se trata solo de una modesta teoría del autor y que, como toda norma general, tiene algunas excepciones (que confirmarían la regla), por lo que no debe tomarse como dogma de fe. Dicho esto, a falta de mejor criterio, al menos, puede servir de pauta para discernir cuando merece la pena embarcarse en una reclamación judicial.

2.5. ¿SE PUEDEN REGISTRAR LOS FORMATOS?

Si bien es cierto que la protección que se otorga a los derechos de propiedad intelectual no requiere especiales formalidades ni inscripción, sino que, cuando corresponda, nace desde la propia creación de la obra, ello no obsta a que resulta de especial importancia realizar una adecuada protección de los formatos con la finalidad de preconstituir adecuadamente la prueba que hubiera de utilizarse en un eventual procedimiento judicial.

A diferencia de lo que ocurre con la propiedad industrial, en materia de propiedad intelectual el registro de una obra en cualquier país produciría sus efectos a nivel mundial, sin que conceda mayores garantías el hecho de registrar una obra en todos y cada uno de los territorios en los que vaya a ser comercializada. En consecuencia, al objeto de proporcionar una prueba cualificada sobre la creación y titularidad del formato, resulta conveniente dejar constancia de su autoría.

Para cumplir este objetivo existen varios mecanismos que no son excluyentes, por lo que es perfectamente posible registrar el formato en todos ellos. El método tradicional sería el depósito (no se trata de una inscripción propiamente dicha) en el Registro de la Propiedad Intelectual. En la práctica, se registran los formatos como obra literaria, no siendo suficiente una mera idea, sino que hay que expresarla con el mayor detalle posible, ya que suelen denegarse los meros tratamientos o escaletas de los programas, mientras que acepta biblias que estén bien desarrolladas.

Este sistema tiene la ventaja de que proporciona una prueba cualificada sobre la existencia y pertenencia del formato, pues se presume que los derechos inscritos existen y pertenecen a su titular, salvo prueba en contrario, además de que da publicidad a los derechos inscritos. Por el contrario, tiene el inconveniente de que es bastante complejo y exige abundante documentación, lo que no contribuye a su agilidad.

Consciente de la inseguridad existente en la protección de los formatos, con la finalidad de poder aportar una prueba del momento de creación del formato, en 2011 la Academia de las Ciencias y de las Artes de la Televisión creó su propio Registro de Formatos y estableció un Reglamento en el que se regula la forma para llevar a cabo la inscripción (depósito, en realidad), de forma que los formatos quedan inscritos con fecha y hora determinadas en un libro de registro, siendo cerrados y lacrados para asegurar su confidencialidad. Aunque, en principio, los formatos se depositan en papel, se pueden admitir soportes diferentes cuando la clase o extensión del formato lo hicieran necesario.

Dicho Reglamento proporciona una definición de formato, disponiendo que "A estos efectos, se entiende por formato el conjunto de ideas, estructuras y detalles esenciales que definen con precisión el contenido de un programa o serie de programas. Formato registrable de un programa de televisión es aquel del que se puede hacer una descripción detallada, narrando la sucesión de características, ideas, imágenes, sonidos y los elementos significativos y diferenciadores que conformen la obra audiovisual correspondiente."

Igualmente, en 2012 la Entidad de Gestión EGEDA (Entidad de Gestión de Derechos de los Productores Audiovisuales), la empresa tecnológica Safe Creative y el Ilustre Colegio de Registradores de España crearon el Registro Digital para Obras y Grabaciones Audiovisuales, Formatos Televisivos y Guiones, primero de su clase en el mundo, que es un registro on-line que pretende aunar las ventajas de un registro digital, un registro profesional y un registro jurídico.

El registro está integrado en el Registro de Bienes Muebles, siendo su servicio básico gratuito, y permite al titular de una obra o grabación conseguir financiación respecto a ventas o ingresos futuros mediante el establecimiento de hipotecas sobre dichas obras, facilitando el acceso al crédito y haciendo posible que el sector obtenga recursos que le permitan desarrollar su labor cultural y de entretenimiento.

A través de esta plataforma digital, el titular puede, directamente desde su propio ordenador, registrar su obra, guión o formato en España y Estados Unidos, gestionar sus derechos o mandatar a un tercero para su gestión, dotar a las obras de un número ISAN (International Standard Audiovisual Number, sistema de numeración estándar a nivel internacional que identifica de forma unívoca las obras audiovisuales) y darles acceso a través de internet, para dotar de mayor seguridad jurídica a las transacciones comerciales de las obras inscritas, evitando que se comercialicen sin la autorización de sus legítimos titulares. Asimismo, los potenciales interesados y usuarios pueden acceder fácil y rápidamente a toda la información sobre la obra, centralizada en un único lugar.

Además de lo expuesto, aunque no sean sistemas específicamente creados para la protección de formatos, existen otras formas de dejar constancia de su existencia como, por ejemplo, mediante la protocolización en un acta otorgada ante Notario que resulta sencillo y, aunque, a diferencia del Registro de la Propiedad Intelectual, no confiere presunción de autoría, otorga constancia de la identidad del depositante, de la existencia y contenido del formato y de que ha sido depositado notarialmente en una fecha concreta.

Otra fórmula sería certimail, que es un sistema de envío de documentos, con certificación de envío y acuse de recibo y apertura. Sin embargo, dado que no es un método tradicional de acreditación podría discutirse que no es un sistema válido para constituir prueba plena. Para tratar de solventar este inconveniente, existe la opción de solicitar que se documente el proceso de envío y recepción por el destinatario en un acta notarial.

En suma, aunque, como se ha dicho, la inscripción o deposito de los formatos no es obligatoria, resulta recomendable hacerlo por cualquiera de las vías expuestas, para no encontrarnos con que, además de que estamos sufriendo un plagio, tengamos el obstáculo añadido de no ser capaces de probar la propia existencia de nuestro formato.

Y es que, piénsese que, incluso se podría dar la irónica situación de que el plagiador de nuestro formato podría estar más hábil que nosotros y registrar su formato rápidamente, con lo que, aunque hubiera sido creado después que el nuestro, estaría registrado antes, con lo que nos podríamos encontrar con que fuéramos nosotros los acusados de plagio.

2.6. Distribución internacional

Son muchas las ocasiones en los que el programa (normalmente series) tiene tal éxito que se comercializa para que sea emitido en otros países. Esta comercialización puede ser del programa ya producido, o de su formato para que sea realizado en el país de destino en su ambiente propio y con autores autóctonos. En uno y otro caso, resulta fundamental tener protegido el formato y adecuadamente documentada la propiedad intelectual, según veremos más adelante.

Entre los programas nacionales que han triunfado fuera de nuestras fronteras hay que citar a la recordada "Verano azul" (TVE), que, en los ochenta, fue la primera serie española que se vio fuera de España, emitiéndose en Latinoamérica, Portugal, Angola, Argelia, Croacia, Checoslovaquia, Polonia, Bulgaria, Francia, etc.

A ella le han seguido muchas, entre las que cabe destacar a "El Internado" (Antena 3), una de las series de más éxito a nivel internacional, en especial en Japón, Rumanía y Latinoamérica, habiéndose comercializado en treinta países y sobre la que se han realizado versiones en Francia y Rusia; "Águila Roja" (TVE), que se ha emitido en Bélgica, Bulgaria, Cuba, Estados Unidos, Francia, México, Uruguay, Puerto Rico, Argentina, Perú, Polonia, Serbia, etc.; "Los Serrano" (Telecinco), que se ha visto en Uruguay, Francia y Chile, Serbia, Eslovenia, Bosnia, Montenegro, República de Macedonia, Rumanía, Rusia, El Salvador, México y Finlandia, donde alcanzó mucha fama, y que se ha versionado en Portugal, Italia, Grecia, Turquía, República Checa y Estados Unidos; "Médico de Familia" (Telecinco), emitida en Alemania, Bélgica, Finlandia, Italia, Portugal y Rusia, habiéndose hecho una adaptación en Italia que, incluso, superó en capítulos a la versión española; y "El barco" (Antena 3), exportada a países como Polonia, Hungría, República Checa, USA, Rusia, México, Brasil, Rumania, etc.

Este derecho de explotación puede corresponder a la cadena, a la productora o a ambos en un determinado porcentaje, en función de lo que se haya pactado que, en todo caso, tiene que prever el derecho de doblaje y subtitulado, que incluye la modificación del título del programa y la realización de las adaptaciones necesarias para doblar las actuaciones de los intérpretes originales a cualquier otra lengua y dialecto, así como para transcribir, en la forma que para ello decida el adaptador correspondiente, los diálogos de la versión original a otras lenguas y dialectos.

En el supuesto de que se haya acordado que la distribución entre la cadena y la productora de los ingresos netos (equivalentes a los ingresos brutos menos el porcentaje que se establezca en concepto de comisión de comercialización de la cadena) obtenidos de las ventas internacionales del programa, lo usual es que dichas cantidades sean cobradas directamente por la cadena y que luego liquide a la productora lo que le corresponda.

La cuestión más importante a tener en cuenta en los contratos sobre distribución internacional que se firmen con cadenas o productoras de otros países es la conveniencia de que estén sometidos a la legislación española y que exista una sumisión expresa a la jurisdicción y competencia de los tribunales españoles para resolver las divergencias pudieran surgir como consecuencia de la interpretación y ejecución del contrato, ya que, como es lógico, la aplicación de un Derecho extranjero y, sobre todo, el hecho de tener que litigar fuera de España, además de elevar el coste, supondría un obstáculo que habría que añadir al desagradable inconveniente de tener que entablar una disputa judicial.

Aunque es conveniente reseñarlo en todo tipo de contratos, precisamente por las razones expuestas en el párrafo anterior, también es recomendable incluir una cláusula que establezca que todas las notificaciones que hayan de hacerse a la productora sólo serán válidas si se hacen por escrito y en el domicilio indicado para ello en el contrato, de forma que cualquier cambio de domicilio, teléfono, fax (ya poco usado) dirección de correo electrónico, etc. deberá ser previamente notificada para que surja efectos.

3.
Registrar la propiedad industrial

En el cosmos televisivo conviven los derechos de propiedad intelectual y los de propiedad industrial, que son distintos y protegen cosas diferentes, por lo que es necesario combinarlos apropiadamente para conseguir una protección adecuada. Sobre los primeros ya hemos hablado en los apartados referentes a los formatos y volveremos sobre ellos en el apartado siguiente relativo a la documentación de la propiedad intelectual.

En cuanto a los derechos de propiedad industrial –en el ámbito de la producción televisiva, esencialmente la marca–, deben nacer a raíz de una solicitud formal al organismo correspondiente, por lo que, salvo la excepción de la llamada marca "notoriamente conocida", que, en todo caso, debe interpretarse de forma restrictiva, el uso de la marca sin registro no conferiría ninguna protección.

Por ello, es importante registrar las marcas referentes a la productora, sus programas, los personajes, etc. para contar con el mayor grado de protección posible. Esto es especialmente importante en las productoras dedicadas a los programas infantiles y de animación, donde los personajes de sus producciones están llamados a ser explotados en forma de juguetes, ropa y otras muchas formas de merchandising. Por ejemplo, este sería el caso de "Sesame street" o las producciones de Disney o, en el plano nacional, de la productora Zinkia, entre otras, que tiene registradas las marcas relativas a su famoso personaje "Pocoyó" y todo lo relacionado con él.

Y es que, cuando uno era pequeño la capacidad para hacer merchandising estaba bastante limitada, pues los entonces llamados "dibujos animados" se emitían los sábados y domingos después del telediario y antes de la película. A pesar de ello, existían juguetes y álbumes de cromos de "La abeja Maya", "Heidi", "Marco", "Don Quijote de la Mancha" y de las míticas series de la productora BRB como "Ruy, el pequeño Cid", "D'artacan y los tres Mosqueperros", "La vuelta al mundo de Willy Fog", "David el gnomo" o "Fútbol en acción" (la serie de animación creada con motivo de la celebración del mundial de fútbol en España en 1982); todas ellas emitidas en la entonces omnipresente TVE.

Pero hoy existen canales temáticos dirigidos al público infantil como Clan, Boing, Disney Channel, Neox –cuando emite como "Neox Kidz"–, Nickelodeon, Cartoon Network, Boomerang, etc., que han hecho que este merchandising haya tenido un efecto multiplicador. Y, como veremos más abajo, esta explotación de productos derivados no se ha limitado al espectro de los más pequeños, sino que se ha extendido a todo el mercado, ofreciéndose objetos y servicios para todo tipo de público.

En los supuestos de encargos de producción de una cadena de televisión, es conveniente coordinar el registro de las marcas que afecten el programa, ya que es habitual que la cadena quiera retener las marcas y nombres de dominio. Es más, normalmente, se suele establecer en los contratos que será la propia cadena la encargada de inscribir a su nombre la denominación que se asigne al programa, así como cualesquiera otras marcas relacionadas con él.

Sea como sea, es evidente que la propiedad industrial es un gran activo a tener en cuenta con carácter general, lo que se acentúa en un mercado, como el televisivo, donde existe una gran y constante exposición pública, lo que conlleva la posibilidad de incrementar la rentabilidad de la explotación de la marca y, correlativamente, también, de que, a la sombra de producciones exitosas, afloren un sinfín de negocios "pirata" que comercialicen productos sin haber obtenido previamente la licencia de las marcas y productos registrados.

3.1. Denominación de la sociedad

En realidad, la denominación de la sociedad mercantil con la que se instrumentaliza la actividad (la productora) no pertenece a la propiedad industrial, dado que el hecho de que una sociedad tenga un determinado nombre no es suficiente para contar con la protección marcaria.

Sin perjuicio de ello, en cuanto tengamos decidido cómo se va a llamar nuestra productora, es conveniente conseguir la reserva de la denominación por la que se conocerá a la sociedad mercantil. Esta reserva de denominación puede solicitarse en el Registro Mercantil Central, ya sea físicamente en su sede de Madrid, o por vía telemática, a través de su página web.

Dado que las formalidades y trámites necesarios son más sencillos que en el caso de otras modalidades societarias y que sólo se necesita un capital social de tres mil euros para su constitución (frente a los sesenta mil euros que requiere una sociedad anónima), por una cuestión de practicidad, lo recomendable es que dicha sociedad adopte la forma de sociedad de responsabilidad limitada y, en consecuencia, llevará asociada a su denominación la abreviatura "S.L." al final de la misma. De esta manera, la denominación social podría ser, por ejemplo, "PRODUCCIONES EJEMPLO, S.L.".

Para elegir la denominación social, es importante tener en cuenta algunos criterios: En primer lugar, la denominación podrá ser de fantasía o hacer referencia a una o varias actividades económicas, pero en este último caso, no puede adoptarse una denominación que haga referencia a una actividad que no esté incluida en el objeto social. Esto es, si en el objeto de la sociedad no está incluida la producción audiovisual, no podría obtenerse una denominación que incluyese, por ejemplo la palabra "productions".

Asimismo, no se concederá una denominación que sea idéntica a otra ya existente, incluso aunque la denominación no figure en el Registro Mercantil Central, si al Notario o al Registrador inscribirá les constase por notoriedad que coincide con la de otra entidad preexistente, sea o no de nacionalidad española. Sería el caso de si, por ejemplo, quisiéramos obtener la denominación "PRODUCCIONES DISNEY, S.L.".

También hay que tener en cuenta que cuando la denominación solicitada sea traducción de otra que ya conste en el Registro

Mercantil, solo se considerará que existe identidad cuando, a juicio del Registrador, se dé notoria semejanza fonética entre ambas o socialmente se consideren iguales. Siguiendo con el ejemplo, sería el caso de intentar conseguir una reserva de denominación para el nombre "Gualt Disnei, S.L."

La reserva de denominación (certificación negativa de que no figura registrada la denominación solicitada en el Registro Mercantil Central) queda registrada a nombre del solicitante durante seis meses contados desde la fecha de expedición, aunque ha de hacerse uso de ella en la escritura de constitución de la sociedad en el plazo de tres meses, tras los cuales caducará y habrá de solicitarse otra, siempre que no hayan transcurrido los citados seis meses de vigencia.

Transcurridos estos seis meses sin haberse realizado la inscripción de la sociedad con la denominación reservada en el Registro Mercantil Provincial correspondiente, la denominación causará baja y deberá solicitarse una nueva certificación, lo que habrá de hacerse a la mayor brevedad posible para evitar el riesgo de que alguien se adelante y reserve la denominación elegida antes que nosotros.

3.2. Registro de marcas

Muchas veces se plantea la duda de, si teniendo inscrita en el Registro Mercantil la sociedad mercantil y, en consecuencia, su denominación, es también necesario registrar el nombre de la productora como marca. Pues bien, aunque el registro de una marca no es obligatorio, es recomendable hacerlo, pues el registro de la marca confiere a su titular el derecho exclusivo a utilizarla en el tráfico económico, mientras que la denominación social se limita a asegurar que no hay otra sociedad mercantil con un nombre similar.

La marca puede ser denominativa (un nombre), gráfica o figurativa (un logotipo), o mixta o combinada (compuesta por una denominación y por un elemento figurativo o gráfico). En el caso de las marcas mixtas –las más comunes–, para evitar confusiones, deben estar lo más detalladas posibles, tanto en el gráfico (se inserta una imagen del mismo), como en el texto incluido en el logotipo, que debe coincidir exactamente con la denominación que se pretende proteger.

Para obtener el registro de una marca española, hay que presentar una solicitud en la Oficina Española de Patentes y Marcas (O.E.P.M.) indicando la clase en la que se quiere efectuar el registro de las incluidas en la Clasificación Internacional de Productos y Servicios, también llamada Clasificación de Niza, por basarse en un Tratado Internacional alcanzado en esta ciudad francesa el 15 de junio de 1957. Esta clasificación se actualiza periódicamente para irse adaptando a la realidad del mercado.

En el caso de la actividad audiovisual, lo aconsejable es registrar la marca en la clase 38 [difusión de programas de televisión y radio; servicios de radiodifusión; televisión por cable; transmisión vía satélite; agencias de prensa; agencias de información (noticias); servicios de telecomunicaciones] y en la clase 41 [producción de programas de televisión y radio; organización de espectáculos (servicios de empresarios); producción de espectáculos; redacción de guiones; servicios de artistas de espectáculos (actores); servicios de reporteros; servicios de estudios de grabación; ediciones discográficas; alquiler de decorados para espectáculos; alquiler de aparatos de iluminación para escenarios de teatros o estudios de televisión; alquiler de equipos de audio; alquiler de aparatos y accesorios cinematográficos, servicios de composición musical; servicios de orquestas; servicios de esparcimiento; edición de textos que no sean publicitarios].

El registro de una marca se otorga por diez años a contar desde la fecha de presentación de la solicitud en la O.E.P.M. y podrá renovarse por períodos sucesivos de diez años, siempre y cuando se produzca un uso efectivo de la marca. Si se deja transcurrir el plazo de concesión (o alguno de los de renovación), el registro de la marca caducará y dejará de prestar protección.

Pero la protección marcaria no solo es aconsejable para el nombre de la productora. En efecto, aunque se haya protegido la propiedad intelectual de la obra audiovisual, es recomendable registrar la marca del título del programa y los títulos de los guiones –como es el caso de "Aquí no hay quien viva" (Antena 3), "La que se avecina" (Telecinco) o "Cuéntame cómo pasó" (TVE)– y los nombres y formas de los personajes principales, como, por ejemplo, se hizo con los personajes de "Pocoyó".

En ocasiones, esta protección marcaria se extiende a frases, eslóganes y logotipos, etc., especialmente cuando esté previsto utilizarlos en campañas publicitarios o en objetos que se pongan a la venta (posters, ropa y, en general, cualquier objeto de merchandising), como, por ejemplo, ocurre con la marca "Capitán Salami" -personaje de la serie "La que se avecina" (Telecinco)-, que se encuentra registrada por Mediaset, y con la que se comercializan diversos productos.

A pesar de contar con protección, en ocasiones se producen vulneraciones de marcas registradas, como cuando se montan espectáculos apócrifos que usurpan el nombre de conocidos programas para lograr más tirón de taquilla, como, por ejemplo, ocurre en el caso de "El club de la comedia" (La Sexta), no siendo extraño que se anuncien en algunos teatros shows de monologistas con este nombre, como si fuera organizado por su legítimo titular. Aunque el hecho de que exista una marca registrada no es el bálsamo de Fierabrás contra la piratería, robustecerá las acciones judiciales que hayan de adoptarse contra los infractores.

3.3. Marcas comunitarias e internacionales

Inversamente al nivel de protección que confiere la propiedad intelectual, en la que basta con titularizarla una vez para que despliegue sus efectos en todo el mundo, el registro de una marca en un país solo genera protección en esa nación, por lo que habría de registrarse en todos los estados donde se vaya a realizar la actividad.

Dicho esto, desde 1996 se pueden proteger los derechos de marca en base a un registro unitario para toda la Unión Europea mediante la llamada Marca Comunitaria, que confiere a su titular el derecho a su utilización exclusiva en el tráfico económico y ejercer todas las acciones necesarias para que este derecho sea efectivo en todo el espacio comunitario.

La marca comunitaria, concedida o en tramitación, podrá transformarse, a instancia del titular, en una solicitud de marca nacional para aquellos estados que se designe, lo que abre de un camino alternativo para la protección supranacional de los derechos de propiedad industrial en el supuesto que sea denegada la marca comunitaria por algún incidente en uno de los estados.

Al igual que la marca nacional, la marca comunitaria se concede por un periodo de diez años renovables indefinidamente, con obligación de uso efectivo en la Unión Europea, esto es, en un país de la Unión Europea, por lo que su uso en España sería suficiente para cumplir este requisito.

Por otro lado está la Marca Internacional, también concedida por periodos renovables de diez años, que se encuadra en un sistema de registro de marcas para países que están integrados en el Sistema de Madrid, de forma que no puede utilizarse el sistema para proteger la marca en estados que no sean miembros. Este sistema ofrece las ventajas de la simplificación y unificación de trámites como el examen formal y la publicación, lográndose obtener en cada uno de estos países un registro con los mismos derechos y obligaciones que si se tratara de una marca nacional.

Para poder solicitarla es necesario tener una marca nacional española y la Marca Internacional debe tener idéntico titular, idéntico distintivo e idénticos productos o servicios que estén incluidos entre los solicitados o concedidos en la marca nacional. La solicitud se presenta en la O.E.P.M., como oficina de origen, en la que se recibe la solicitud y se hace un primer examen formal en el que se comprueba que todos los datos solicitados coinciden con los de la marca nacional que le sirve de base y remite la solicitud a Organización Mundial de la Propiedad Intelectual (O.M.P.I.), que hace su propio examen formal y publica la marca con número internacional. Finalmente, la oficina nacional de marcas de cada país solicitado decide si se ha de conceder la Marca Internacional de conformidad con su legislación nacional.

3.4. Registro de nombres de dominios

Habida cuenta del mundo digital en el que vivimos, igual de importante que el registro de las marcas es el registro de los nombres de dominio con el nombre de la productora, los programas, personajes, etc. con el mismo criterio que hemos comentado en respecto de las marcas.

La conexión a internet se produce a través de dispositivos que proporcionan conectividad a través del envío de paquetes de datos a través de internet (routers), que se conectan a una determinada IP (Internet Protocol). Dado que esta IP está compuesta por cuatro series de números que serían difíciles de memorizar, existen los nombres de dominio, que son la traducción a caracteres alfanuméricos de dicha serie numérica.

Como presupuesto imprescindible para el correcto funcionamiento del sistema, los nombres de dominios son únicos, de manera que constituyen una auténtica seña de identidad en internet. Ello implica que el registro de los nombres de dominio es crucial para disponer de una adecuada presencia en la red, en particular en el caso de las productoras que ansían que coincida con su marca o nombre comercial, convirtiéndose en una parte imprescindible de su identidad corporativa.

Con carácter general, hay dos tipos de dominio: los dominios genéricos (también llamados internacionales o globales), que son los dominios básicos en internet y los más utilizados a nivel mundial y los dominios territoriales (también llamados geográficos), que son los particulares de cada país.

Los dominios genéricos tienen terminaciones formadas por tres o cuatro letras y están organizados de forma conceptual según sus terminaciones. Así, tendríamos ".com" (para empresas comerciales. Es el dominio más difundido en Internet.), ".org": (para organizaciones sin ánimo de lucro, instituciones y fundaciones), ".net": (para empresas relacionadas con Internet), ".info" (para sitios web cuyo principal cometido es la difusión o publicación de contenidos informativos), ".biz" (esta terminación proviene de la abreviación de la palabra inglesa business (negocios) y está enfocada a la temática de los negocios) y ".edu" (para fines educativos).

Sin perjuicio de ello, en la actualidad existe una tendencia a crear nuevas extensiones de dominio, indicadoras de la actividad a que se dedica el propietario de la página web que allí se va a alojar en él. Entre ellas estarían ".shop", ".online", ".club", ".xyz", ".site", ".tech", ".live", ".cloud", etc.

Los dominios territoriales son los dominios concedidos por cada país y tienen terminaciones formadas por dos letras. Por ejemplo, en España es ".es", en Estados Unidos es ".us", en Italia es ".it", en Francia es ".fr", en México es ".mx", etc. Esta concepción nacional se ha superado y en la actualidad existen extensiones como ".cat" para Cataluña, ".eus" para Euskadi, ".gal" para Galicia, y ".madrid" y ".barcelona" para las dos grandes capitales españolas. Además de estos dominios territoriales de primer nivel, existen los dominios de segundo nivel, esto es, con doble extensión, tales como ".com.es", ".nom.es", ".org.es", ".gob.es" y ".edu.es").

En el caso de España, el 1 de junio de 2005 entró en vigor el Plan Nacional de Nombres de dominio de internet bajo el Código correspondiente a España (".es"), cuyo objeto fue la flexibilización de la normativa referente a la asignación de estos nombres de dominio, de modo que se estableció la asignación automática de los dominios que se encuentren libres (a excepción de los ".gob.es" y ".edu.es", que solo se facilitarán a Organismos Públicos y Entidades e Instituciones relacionadas con la enseñanza o la investigación en España para su identificación en Internet, por lo que requieren una verificación previa) y siempre que no estén incluidos en la Lista de términos prohibidos, que contiene una relación reducida y actualizada de términos de Internet cuyo uso como nombre de dominio no está permitido al poder generar confusión.

La institución responsable de la coordinación global del sistema de identificadores únicos de Internet, incluyendo nombres de dominio, y de su funcionamiento estable y seguro es la Corporación de Internet para la Asignación de Nombres y Números (ICANN). En España, quien se encarga de la asignación de dominios es la Entidad Pública Empresarial Red.es, que es la responsable de la gestión del Registro de nombres de dominio de Internet bajo el código de país ".es".

Para evitar que pueda perderse un nombre de dominio debido a un despiste u olvido, cuando un dominio expira, las autoridades competentes para el registro de dominios establecen un periodo de gracia durante el cual, el registrante puede renovar el dominio al mismo precio al que lo registró y en la misma entidad. Durante este periodo el dominio no estará operativo y no se podrá transferir ni modificar. Una vez finalizado el periodo de gracia sin que el dominio haya sido renovado, entra en un estado llamado "redemption period" (en principio para los dominios con extensiones .com, .net y .org), por una plazo aproximado de treinta días, donde el dominio queda completamente inactivo y sólo podrá ser renovado por su propietario previo pago de una tasa. Finalizado este periodo, el dominio será borrado del registro y volverá a estar disponible para ser registrado libremente.

Debido a la creciente importancia económica de los nombres de dominio, existe un mundo de especuladores que registran nombres de dominio genéricos que coinciden con nombres de marcas o empresas ya existentes con el fin de solicitar una cuantiosa compensación económica a cambio de la transmisión de estos nombres de dominio. La primera vez que tuvo repercusión mediática esta cuestión fue con los nombres de dominio apócrifos que se registraron con motivo de las Olimpiadas celebradas en Sidney en 2000.

Para resolver estas situaciones existen mecanismos rápidos y eficaces sin necesidad de recurrir a la vía judicial, como los procedimientos Alternative Dispute Resolution (ADR) que se tramitan ante el Centro de Arbitraje y Mediación de la O.M.P.I.) –conocidos como procedimientos "WIPO" por las siglas en inglés de dicha organización–, que designa un Árbitro que, aplicando la Política de Solución de Controversias en materia de Nombres de Dominio, fallará a favor del demandante cuando concurran los siguientes requisitos: que el domino registrado sea idéntico o similar a la marca del demandante, creando así confusión respecto a ella, que el titular del dominio no tenga derechos o intereses legítimos respecto a la marca que usa como dominio y que el registro del dominio se haya efectuado de mala fe por su titular.

Se entiende que existe mala fe cuando a) haya indicios suficientes de que el titular registral del dominio lo ha registrado, fundamentalmente, con el fin de vender, alquilar, o ceder el dominio al titular de la marca o a un competidor de éste, por un valor que supere los costos relacionados directamente con el dominio; b) se haya registrado dicho dominio a fin de evitar que el titular de dicha marca refleje la misma con un dominio igual, siempre y cuando el titular del dominio haya efectuado una conducta de ese tipo; c) el titular del dominio lo registre con la intención de atraer, con ánimo de lucro a dicho sitio web, o a otro que esté en línea con él, originando así confusión en cuanto a la fuente, patrocinio, afiliación o promoción de dicho sitio web; y d) exista cualquier otro supuesto del que se pueda desprender que ha habido mala fe por parte del titular del dominio.

Todo ello ha propiciado que los nombres de dominio hayan adquirido valor económico (en ocasiones millonario) y sean objeto de compraventa, lo que no es ajeno al mundo televisivo. Para saber si un nombre de dominio se encuentra libre, se puede consultar en la página web "whois.net", que es una base de datos que proporciona información sobre el usuario que ha registrado un determinado dominio.

En el supuesto de tener que documentar la transmisión de un nombre de dominio, habría que establecer que, se transmite la titularidad del nombre de dominio a cambio de un determinado precio, lo que implica que la parte transmitente debe obligarse a realizar cuantos trámites sean precisos para su efectividad, autorizando expresamente al adquirente a realizar en su nombre cualesquiera actos o gestiones que puedan resultar precisos para completar la citada transmisión.

3.5. Merchandising

La popularidad que alcanzan algunos programas de televisión posibilita que puedan abrirse nuevas y nada desdeñables líneas de negocio derivadas de ellos. El merchandising (término anglosajón usado para definir la venta de productos licenciados por el titular del programa) de objetos de todo tipo (tazas, cojines, colgantes, sábanas, etc.), juguetes (especialmente en el caso de los dibujos animados, donde hay un importante mercado de venta de muñecos, peluches, etc., por ejemplo, Gormiti, Pepa Pig, la patrulla canina, por citar algunos) y obras derivadas (tonos para móvil, sintonías, imágenes para aplicaciones de móviles, etc.).

Mención especial merecen los videojuegos, juegos on line y apps basados en series de animación, muy del gusto del público infantil y juvenil actual, más habituado a jugar con una tablet que con unas canicas. En ocasiones el éxito de estos juegos ha llegado a generar problemas de orden público, como ha sido el caso del famoso "Pokemon go", que ha convulsionado a buena parte de la población, llegando a producir incidentes graves e, incluso, fallecimientos de usuarios obsesionados por la caza de los escurridizos pokemon.

En ocasiones, algunos de estos productos pueden llegar a convertirse en codiciados objetos por los fans, como, por ejemplo, es el caso de muchos de los muñecos relacionados con "Star Wars", que son muy apreciados, en especial si son originales de la década de los ochenta; o de la mítica serie "Los caballeros del Zodiaco", emitida por TVE en los años noventa y repuesta por Telecinco en la primera década de este siglo, cuyas figuras son venerados objetos de colección por muchos de sus seguidores.

Entre los programas que generan importantes ingresos por esta vía a nivel internacional podemos mencionar a las famosas series "Juego de tronos" (Canal +), "Breaking bad" (AMC), "The walking dead" (Fox y La Sexta), "The big bang theory" (Neox), etc. En el mercado nacional hay que destacar al late night "Esta noche cruzamos el Mississippi" (Telecinco), que hace más de veinte años ya vendía productos relacionados con su programa como discos, libros o un teléfono con el sonido del "piticlín piticlín" que articulaba el personaje Lucas Grijander.

Más recientemente, se han vendido multitud de libros de las series "El tiempo entre costuras" y "El secreto de Puente Viejo" (Antena 3); de la serie "Águila Roja" (TVE) se hicieron disfraces, juegos de mesa e, incluso, un juego online; y, basados en la serie "La que se avecina" (Telecinco), se han comercializado productos tales como el disfraz del "capitán Salami" o la máscara de pressing catch del infortunado personaje Amador y la canción "Mandanga style" protagonizada por él mismo, de la que, además, se hicieron politonos y otros productos para móviles.

Un caso particular es el del programa "Cuarto Milenio" (Cuatro) que, a raíz de su éxito, además del merchandising convencional, ha organizado una gira de exposiciones por toda España donde se exhiben las réplicas de objetos famosos que se exhiben en el programa, así como las llamadas "Noches del misterio", protagonizadas por Iker Jiménez y su mujer Carmen Porter, con notable aceptación del público.

4.
Documentar la propiedad intelectual

Es fundamental tener documentada la propiedad intelectual de nuestro programa, así como de todas las obras que se utilicen en el mismo, debiendo contar con la cadena de contratos que asegure que se dispone de título suficiente sobre ellas, hasta el punto que suele ser una exigencia que las cadenas plasman en sus contratos, haciendo constar que la productora garantiza disponer de título válido y eficaz para la cesión de derechos y que no se vulneran derechos de terceros, con el compromiso de mantener indemne a la cadena de cualquier reclamación, de la misma forma que la productora debe haberlo hecho previamente con quienes se los cedieron.

Sin perjuicio de lo anterior, debido a las urgencias propias de la actividad televisiva, que exige unos plazos de entrega con las cadenas, en el día a día de las producciones no es extraño que se utilicen vídeos, imágenes y músicas, normalmente de escaso valor, cuya cesión no se ha formalizado por escrito, habiéndose obtenido únicamente un consentimiento verbal. En alguna ocasión el titular de estas obras ha querido aprovecharse de esta circunstancia tras la emisión del programa para obtener un rédito económico no pactado, con lo que se plantea la cuestión de si la cesión verbal fue suficiente.

Pues bien, aunque es cierto que la ley dispone que toda cesión deberá formalizarse por escrito, también lo es que el Tribunal Supremo, basándose en su propia jurisprudencia de aplicación general sobre que los contratos son obligatorios cualquiera que sea la forma en que se hayan celebrado siempre que conste el consentimiento de las partes, ha establecido que la falta de cesión escrita no afecta la validez del contrato, sino que se limita a ser un requisito de prueba.

En todo caso, una buena documentación será la base para poder negociar con la cadena para que determinados derechos de propiedad intelectual (titularidad del master, explotación publicitaria, titularidad del material comprado para la producción del programa como vestuario, mobiliario y decorado, titularidad de las marcas y logos, etc.) queden en poder de la productora o, al menos, conseguir que sean compartidos en mayor o menor porcentaje.

4.1. Vídeos

Los vídeos que aparecen en los programas de televisión son obras audiovisuales que están protegidas por la normativa sobre propiedad intelectual. En su momento se planteó la posibilidad de utilizar fragmentos de vídeos ajenos ya divulgados para su análisis, comentario o juicio crítico, en virtud del derecho de cita previsto en la normativa sobre propiedad intelectual. Sin embargo, esta interpretación quedó desechada por el Tribunal Supremo cuando resolvió el comentado caso de las "imágenes de Telecinco" que fueron utilizadas por algunos programas de La Sexta para hacer comentarios sobre ellas.

De esta manera, los vídeos que se utilicen en el programa pueden haber sido captados por empleados contratados por la productora, por profesionales independientes que presten sus servicios directamente para la productora o haber sido adquiridos o licenciados a terceros que ostenten su titularidad.

En el caso de que se obtengan los vídeos a través de empleados de la productora en régimen laboral (por ejemplo, cámaras contratados), se presume que los derechos de explotación han sido cedidos por el autor asalariado en exclusiva y con el alcance necesario para el ejercicio de la actividad habitual de la productora en el momento de la entrega de la obra realizada (los vídeos) en virtud de la relación laboral, siempre que la productora lo utilice para el sentido y los fines propios de su actividad. Sin perjuicio de ello, normalmente se incorpora a los contratos laborales una cláusula sobre cesión de los derechos de propiedad intelectual, de forma que la transmisión a la productora de los derechos de explotación de la obra creada en virtud de una relación laboral se rija por lo pactado en el contrato.

Sin embargo, en el caso de que se trate de profesionales independientes que presten sus servicios de forma autónoma (freelance), es necesario pactar expresamente la cesión de todos los derechos de propiedad intelectual, industrial y de imagen que permita a la productora divulgar y publicar los vídeos. No obstante, es conveniente establecer que la productora no adquiere compromiso alguno respecto a su exhibición o explotación, de forma que quede libre para decidir si finalmente los utiliza o no.

Para evitar problemas a la hora de utilizar los vídeos, ha de establecerse que se ceden en exclusiva, con facultad de cesión a terceros, para un determinado territorio (por ejemplo, España y Andorra, Latinoamérica o el mundo) y hasta su paso a dominio público (setenta años después de su muerte de su autor), por cualquier medio y bajo cualquier forma, todos los derechos de propiedad intelectual e industrial y cualesquiera otros derechos, incluidos los de imagen, sobre los vídeos y, en especial, los derechos de reproducción, distribución, comunicación pública y transformación.

Asimismo, el cedente debe garantizar el goce y disfrute libre de cargas de todos los derechos cedidos a la productora, la originalidad de sus aportaciones, la titularidad de los derechos cedidos y que ha obtenido todas las autorizaciones y cesiones preceptivas de derechos que se deriven de los vídeos, obligándose a responder frente a cualquier reclamación o reivindicación judicial o extrajudicial que pudiera producirse. También suele incluirse una referencia a que los vídeos cedidos respetan el honor, la intimidad y la imagen de las personas intervinientes o aludidas.

Respecto a la contraprestación económica, al tratarse de un profesional autónomo, las cantidades pactadas deben figurar en la factura correspondiente, en la que debe especificarse el I.V.A. y las retenciones por I.R.P.F. vigentes en cada momento. Sin perjuicio de que el profesional debe encontrarse en todo momento al corriente de pago de sus obligaciones mercantiles, con la Agencia Tributaria y la Seguridad Social, antes de realizar el pago, deberá entregar a la productora un certificado que acredite encontrarse al corriente en el cumplimiento de las obligaciones tributarias.

Para que no haya duda sobre la existencia de contraprestación económica por este concepto, es importante establecer que la cantidad pactada con el profesional incluye la retribución por la cesión de los derechos de propiedad intelectual e industrial y de cualesquiera otros derechos contemplados en el contrato para todas las modalidades de explotación, por cualquier medio y bajo cualquier forma, especificando que dicha remuneración es a tanto alzado.

Especialmente en el caso de los freelance, la productora escoge al profesional por el nivel de calidad de sus trabajos anteriores y por sus demás cualidades personales, artísticas y profesionales, por lo que es sustancial establecer que el contrato tiene carácter intuitu personae respecto del profesional, de forma que si desea subcontratar a otros profesionales deberá contar con el previo consentimiento de la productora, que no será responsable de las posibles controversias que pudieran surgir entre el profesional y sus colaboradores. Correlativamente, también debe establecerse que en los títulos de crédito del programa en el que colabore el profesional figurará su nombre según los usos habituales para el sector audiovisual.

Supuesto especial es el de los reporteros de guerra o corresponsales en zonas especialmente conflictivas que, debido al especial riesgo que asumen, resulta conveniente incluir en sus contratos una estipulación que prevea que la productora no será en ningún caso responsable de siniestros causados por guerras, hostilidades, secuestros o cualquier captura ilegitima.

Debido al acceso a determinada información sensible de la productora y del programa, también suele incluirse una cláusula de confidencialidad en la que el profesional se comprometa, durante la vigencia y después de la finalización del contrato, salvo consentimiento expreso o tácito, a mantener reserva y a no hacer públicas las informaciones, procesos confidenciales, documentos, negocios, clientes, operaciones, instalaciones, cuentas, finanzas, transacciones o "knowhow" interno empresarial de la productora ni del programa, o cualquier otro aspecto relacionado con la actividad de aquella, las compañías que lo forman o del grupo de empresas al que pertenezca, y que haya llegado a su conocimiento con ocasión del cumplimiento de las prestaciones objeto del contrato.

Finalmente, ha de disponerse que las estipulaciones del contrato con intención de que continúen en vigor tras la resolución o vencimiento del mismo, tales como la confidencialidad y la cesión de derechos, se mantendrán en vigor y continuarán vinculando a ambas partes según lo estipulado.

En cuanto a la utilización de vídeos de terceros que sean titulares de los mismos, lo usual es que se licencien para un determinado uso y por un plazo concreto a cambio de una contraprestación económica. Quienes se ocupan de la gestión de derechos de explotación y otros de carácter patrimonial por cuenta de sus legítimos titulares para los derechos donde se permite la gestión individual, que son la mayoría, o bien por mandato legal, como los derechos de gestión colectiva son las Entidades de Gestión, que, aunque son entes privados, deben contar con autorización ministerial.

De esta forma, para utilizar los vídeos en un programa de televisión, independientemente de si los titulares de los derechos han conferido a las Entidades de manera voluntaria la gestión de los mismos (biblioteca de las entidades de gestión o bibliotecas privadas), habrá que pagar a las Entidades de Gestión por los derechos que la ley les confiere su recaudación, tales como la remuneración por copia privada, los derechos generados por la venta, alquiler o préstamo al público de soportes en los que se reproducen las obras, etc.

Las Entidades de Gestión que se ocupan de licenciar las obras audiovisuales son AISGE (Artistas intérpretes, sociedad de gestión), DAMA (Derechos de autor de medios audiovisuales) y EGEDA (Entidad de Gestión de Derechos de los Productores Audiovisuales).

Mención especial merece el archivo histórico de RTVE (única televisión en España desde su primera emisión el 28 de octubre de 1956 hasta la aparición de las televisiones autonómicas y las cadenas privadas a partir de finales de la década de los ochenta del pasado siglo), que, sin perjuicio de su carácter histórico (en especial, el popular NO-DO), tiene derechos de propiedad intelectual que han de ser licenciados si quiere hacerse uso de ello, tal y como publicita la propia RTVE en su web, que dispone de un apartado sobre la comercialización de imágenes de la Filmoteca Nacional y del archivo sonoro de Radio Nacional de España destinadas a la producción audiovisual.

4.2. Imágenes

Además de vídeos, es probable que se utilicen imágenes (fotografías), tanto en el programa de televisión en sí mismo, como en el material asociado al miso como posters, logos, promos, etc. Estas imágenes también gozan de protección por la normativa de propiedad intelectual, por lo que, en el caso de que quiera hacerse uso de ellas, también habrán de ser adquiridas (por compra o por haber sido realizadas por empleados de la productora o por profesionales independientes contratados para ello) o licenciadas por su titular de forma similar a como en el caso de los vídeos.

En primer lugar hay que aclarar que los fotogramas de películas o de obras audiovisuales no tienen la consideración de imágenes, sino que se protegen como parte de la obra audiovisual a la que pertenecen, por lo que les es de aplicación lo que hemos comentado para los vídeos.

Dicho esto, en el caso de las imágenes propiamente dichas, hay que distinguir entre distintos tipos de protección en función de la naturaleza de las imágenes. Así, en el caso de las meras fotografías (aquellas que no contienen suficiente originalidad para considerarlas obras fotográficas), no gozan de derechos morales, pero sí de explotación, estando protegidas por un plazo de veinticinco años computados desde el día uno de enero del año siguiente a la fecha de realización de la fotografía.

Por otro lado, las obras fotográficas (creaciones originales expresadas por cualquier medio o soporte, tangible o intangible, actualmente conocido o que se invente en el futuro y que gocen de originalidad y creatividad suficientes) están protegidas por la normativa sobre propiedad intelectual en los mismos términos que cualquier otra obra, esto es, por un plazo de setenta años desde la muerte de su autor.

En cualquiera de los dos supuestos, la Entidad de Gestión a la que se debe solicitar el derecho de comunicación pública de las imágenes que vayan a incorporarse al programa es VEGAP (Visual entidad de gestión de artistas plásticos).

4.3. Música

La banda sonora de una obra audiovisual tiene mucha importancia dentro de la producción audiovisual, hasta el punto de que adornar las imágenes con una música adecuada puede cambiar la percepción del espectador y, en consecuencia, contribuir al éxito o fracaso del programa. Entre ellas están las sintonías, cabeceras, músicas incidentales (música de fondo usada para crear una atmósfera para la acción), músicas preexistentes, o canciones de actualidad que se promocionan al aparecer en un programa de éxito y que luego se venden como discos con el nombre del programa (por ejemplo: discos recopilatorios de "Esta noche cruzamos el Mississippi", "Crónicas Marcianas", "Gran Hermano" o "Cuarto Milenio", entre otros).

Esta relación simbiótica entre programas de televisión e intérpretes musicales se ha visto materializada en diversas fórmulas en los últimos años. Este es el supuesto del grupo musical "Pignoise", que se hizo tremendamente conocido al servir su tema "Nada que perder" de cabecera para la divertida serie "Los hombres de Paco" (Antena 3) o la canción "Uno más uno son siete" interpretada por el ídolo de adolescentes Fran Perea para "Los Serrano" (Telecinco).

Pero también ha resultado rentable la fórmula en la que se crean nuevas obras musicales por la vía de la interpretación por cantantes noveles de canciones famosas, que, además de servir de contenido al programa de televisión, se distribuyen posteriormente –normalmente organizadas por galas–, mediante la venta de discos o descargas en internet, como es el caso de "Operación Triunfo" (TVE y Telecinco), "La voz" (Telecinco), etc.

En los supuestos en los que se hace uso de músicas o sintonías originales creadas expresamente para su inclusión en el programa, en previsión de las posibles repercusiones que pudieran tener en el futuro su eventual popularidad, es habitual que la cadena requiera que los autores suscriban un contrato de edición musical para distribuir los derechos entre ellos.

Para utilizar en un programa de televisión una composición musical preexistente, con o sin letra, cuya titularidad sea de un tercero, mediante su incorporación a una obra audiovisual, habrá que obtener el derecho de sincronización, mientras que si se pretende que la música se escuche en el programa sin incorporarlo a una obra audiovisual, el derecho a solicitar será el de comunicación pública de la obra. Estos derechos deberán solicitarse a las Entidades de Gestión SGAE (Sociedad General de Autores y Editores), en cuanto a los derechos del autor de la canción, y AIE (Artistas intérpretes o ejecutantes, sociedad de gestión de España), AISGE (Artistas intérpretes, sociedad de gestión), que recaudan los derechos conjuntamente para los productores y los artistas.

Como alternativa a las Entidades de Gestión para el resto de derechos de explotación que no son de recaudación colectiva obligatoria por estas, se puede contratar con entidades privadas (Getty Images, Jamendo, WikiCommons, FreeAudioLibrary, Youtube Audio Library, etc.), que gestionan repertorios a través de páginas web para los que han obtenido licencias de obras en dominio público, obras bajo licencias creative commons (licencias libres que permiten a los titulares de derechos de autor permitir su uso para que sus obras puedan ser legalmente compartidas) y música ambiental. En todo caso, este tipo de páginas en sus condiciones de licencia se exoneran del pago de los derechos que deben ser recaudados por las entidades de gestión enumerados anteriormente.

En cualquier caso, dado que los autores, editores o productores de las obras puede reservarse la explotación de los derechos en exclusiva, se deberá atender al caso individual de la obra que pretenda comunicarse o sincronizarse para saber quién ostenta los derechos de explotación que pretendan licenciarse, ya que es posible que se deba negociar directamente con las productoras o discográficas para recabar los derechos de las obras.

Los acuerdos que se alcancen deben incluir la autorización para que la productora pueda utilizar, reproducir y sincronizar, total o parcial, para el territorio español, las obras y grabaciones incluidas en los soportes sonoros incluidos en los catálogos de música cuyos derechos ostente el cedente, si bien no se permite la cesión del catálogo musical a terceros.

De esta forma, la productora tendrá derecho a utilizar la música de estos catálogos en cualquier tipo de producción audiovisual (excluida publicidad), para ser difundidas sobre múltiples plataformas, tanto en el territorio nacional como internacional, esto es, a nivel mundial. Todos los productos licenciados, quedarán cubiertos de los principales derechos mencionados para toda la vida del producto audiovisual, hasta el paso a dominio público de las obras licenciadas.

Normalmente, se accede el material mediante la descarga de archivos de la página web donde el cedente tiene colgado su catálogo, lo que ofrece la ventaja de la inmediación, rapidez y que las actualizaciones se cargan automáticamente en la página web. Sin perjuicio de ello, es importante que se establezca que el cedente entregará a la productora una licencia de utilización individualizada por cada obra y que garantiza que ostenta todos los derechos sobre las obras objeto de cesión y que exima a la productora y a la cadena de televisión de cualquier reclamación que pueda derivarse de la utilización y explotación de las obras

Se suele exigir a la productora el compromiso de facilitar a la cadena de televisión y al intérprete la información necesaria para que puedan registrar el uso de las ejecuciones ante la Entidad de Gestión encargada del cobro de los derechos de ejecución, incluidos los datos del editor, subeditor, compositor y las pistas utilizadas, enviando copia de ella a la cedente.

También pueden adquirirse derechos sobre música cuya composición, producción, interpretación y grabación se encargue a un profesional o a una entidad, dando como resultado unas obras musicales que pasarán a ser titularidad de la productora, toda vez que se acuerda la cesión, con facultad de cesión a terceros, para todo el mundo y hasta su paso a dominio público, por cualquier medio y bajo cualquier forma, de todos los derechos de propiedad intelectual e industrial y, en especial, los derechos de reproducción, distribución, comunicación pública y transformación. Dicha cesión debe incluir su explotación televisiva, videográfica, a través de merchandising, por medio de extractos, en Internet, telefonía móvil, etc. en los mismos términos que hemos expuesto para el caso de las imágenes.

Asimismo, debe haber previsiones contractuales referentes a la confidencialidad y la protección de datos similares al supuesto de las imágenes y una referencia expresa a que las obras y todos aquellos materiales necesarios deberán entregarse fijadas en un soporte técnicamente que sea compatible con los sistemas de grabación y realización de la productora.

Debe garantizarse la originalidad de las obras, que no ha cedido las mismas a ningún tercero y que se ostentan todos los derechos de explotación y de propiedad intelectual para realizar la presente cesión de derechos sin vulnerar derecho alguno de terceros, manteniendo indemne a la productora, en todo caso, y respondiendo frente a cualquier reclamación judicial o extrajudicial que pudiera presentarse por terceros (incluyendo cualquier reclamación por plagio) directa o indirectamente relacionada con la cesión de derechos, responsabilizándose de cualesquiera daños y perjuicios causados a la productora por dicho incumplimiento.

4.4. Cine

Otra forma de explotar líneas de negocio derivadas de la obra audiovisual es la grabación de una película basada en una serie de televisión de éxito, donde intervienen los mismos personajes –y normalmente otros actores conocidos–, con una trama que no ha aparecido previamente y que no afecta a la de la serie, lo que suele ser un éxito de taquilla debido al fenómeno "fan" generado por este tipo de series.

Este sería el caso de películas como "No te fallaré" (2001), en la que se cuenta la historia de la pandilla de los protagonistas de la serie "Compañeros" (Antena 3) tres años después de terminar de estudiar en el instituto o "Águila roja, la película" (2011), donde se desarrollan las peripecias de Gonzalo, Satur y compañía con motivo de la celebración en la Villa de Madrid de una cumbre con la asistencia de las potencias más importantes del momento.

A nivel internacional tendríamos películas como "Los Picapiedra", donde los famosos personajes de dibujos animados se encarnan en actores; "Los ángeles de Charlie", basada en la mítica serie de los setenta; "Bob Esponja, un héroe fuera del agua", protagonizada por el popular personaje infantil y sus amigos; "The X-Files: I want to believe", sobre la famosa serie "Expediente X"; "Sexo en Nueva York", desarrollada sobre la famosa serie del mismo título; etc.

En algunos casos, el éxito de la serie es tal que se organizan proyecciones de alguno de sus capítulos en una sala de cine o en otro tipo de auditorio antes de su emisión en televisión, organizando una gala a la que acuden sus protagonistas, con el correspondiente revuelo y asistencia de fans al evento, lo que, más que generar ingresos extra, es una magnífica forma de promocionar la serie de cara a futuras temporadas. Así ocurrió con la serie "Sin tetas no hay paraíso" (Telecinco), cuya segunda y tercera temporadas fueron presentadas en una premier previamente a su emisión.

4.5. Uso doméstico

La primera vez que tuve ocasión de ver un vídeo VHS (los "Betamax" eran aún más caros e inaccesibles) fue el que había en casa de mis tíos. Constaba de dos módulos de considerable tamaño, uno de los cuales podía portarse como un maletín al hombro para conectarla a una cámara con la que se podían tomar imágenes. Recuerdo como ansiábamos a que nos pusieran la cinta en la que podíamos ver seguidos, uno detrás de otro, los episodios de "La vuelta al mundo de Willy Fog" (TVE), en lugar de tener que esperar al sábado siguiente para ver el próximo capítulo.

No cabe duda de que los medios técnicos han cambiado mucho desde aquellos tiempos, pero la demanda del espectador de poder disfrutar de los productos audiovisuales de su agrado cuando desee, sin depender de que una cadena de televisión decida emitirlo, no sólo no ha caído, sino que se ha incrementado con la llegada de internet y las nuevas tecnologías, que permiten que el usuario acceda a los contenidos cuándo quiera y desde dónde quiera.

De esta forma, existen los llamados productos para uso doméstico como complemento de la explotación televisiva propiamente dicha [televisión de alta definición, digital y analógica, VOD, PPV y servicios de abonado básicos y "premium" (televisión de pago), transmitida por vía terrestre, por cable, por satélite o por cualquier otro medio, así como la explotación por satélite, TV de pago (Pay TV), en abierto (Free TV), TV conectada (Hbb TV), "video on demand" (VOD), o cualquier otra modalidad económica o técnica de emisión, transmisión o retransmisión electrónica, tradicional, digital o analógica, incluyendo el denominado vídeo a la cartaventa del programa de televisión a las cadenas de televisión convencionales].

Entre estas otras formas de explotar las obras audiovisuales para uso domestico está la explotación videográfica por DVD, VCD, SVCD, Blu-ray, CD-ROM, CDI, CD LASER, discos ópticos, chips semiconductores, pen drives, etc., en los que se codifique o almacene una copia audiovisual del programa para su ejecución posterior mediante un sistema de vídeo, entendido como cualquier equipo electrónico, mecánico, magnético u óptico actualmente conocido o que se invente en el futuro que pueda ser operado por consumidores directamente en sus hogares u hoteles o lugares semejantes de alojamiento público usados temporalmente.

4.6. Otras formas de explotación

Además de la explotación directa de la obra audiovisual en las diversas formas que hemos comentado, también cabe la explotación en forma de libros, folletos y demás soportes gráficos, fotográficos, ópticos, visuales y textiles, así como las explotaciones secundarias y productos derivados de todo tipo.

También es habitual que se realice la explotación por medio de extractos, resúmenes, secuencias o fragmentos del programa ("clip rights") y fotografías obtenidas durante el rodaje o proceso de preparación del programa o elementos sonoros y de interpretación y secuencias o fotogramas de la grabación audiovisual, hayan sido o no utilizadas en la versión definitiva, tales como segundas tomas, tomas no incorporadas, tomas "falsas", etc.

Asimismo, tendríamos la explotación en salas no cinematográficas, esto es, mediante la distribución y exhibición del programa a organizaciones que no se dediquen principalmente a la actividad de exhibición de películas, tales como, por ejemplo, plataformas petrolíferas, escuelas, museos, instalaciones militares, puestos y misiones diplomáticas, vuelos comerciales y buques mercantes.

Muy importante es la explotación online, esto es, por internet, ya sea mediante descargas legales, o bien mediante la visualización directa del programa en ordenadores, Ipad, Ipod, e-book, tablets, smartphones, etc. Por ejemplo, sería el caso de los programas que se ofrecen en plataformas de video a la carta como Netflix, Wuaki, Filmin, Filmotec, Vodler, Yomvi, etc., así como en las páginas webs de las cadenas donde ofrecen sus propios contenidos.

Por último, también podemos citar la explotación mediante difusión radiofónica, esto es, producir y difundir por la radio versiones sólo audio del programa o de sus adaptaciones, que comprende la explotación de dichas versiones sólo audio, tanto íntegras como fragmentadas, de forma fonográfica, ya sea junto con la banda sonora musical del programa o de forma aislada. Un ejemplo sería el podcast que puede descargarse con el audio del programa "Cuarto Milenio".

5.
Usar correctamente el product placement

¿Cuántas veces hemos visto en series y programas de televisión (y también en el cine) a los personajes y presentadores interactuando con productos de marcas de todo tipo y color? Pues bien, esta forma de hacer publicidad es lo que se conoce como product placement o emplazamiento de producto.

Aunque el origen de su uso se justifica en darle mayor realismo a las escenas mediante la aparición de objetos (los productos) existentes en la vida real, no cabe duda de que se ha convertido en una importante fuente de financiación para sacar adelante las producciones audiovisuales.

Si bien es cierto que hubo uno primeros antecedentes en algunas películas de finales del siglo XIX como "Dewards´s Scotch Whisky" o "Sunlight", esta técnica comenzó a utilizarse por la industria cinematográfica norteamericana a principios de los años treinta. Así, "Coca Cola" aparece en la película "Estrictamente confidencial" (1934), el frigorífico "GE Monitor-top" es habitual en las películas de Warner Bros en esta época, Humphrey Bogart bebía "Perrier" en "Casablanca" (1942), etc.

Aunque quizás, el caso más conocido sea el del popular Popeye. En aquella época existía en Estados Unidos un excedente de espinacas que debían ser comercializadas para evitar tener que desecharlas, para lo cual se creó a Popeye y sus amigos (Olivia, Cocoliso, Pilón, Brutus, etc.), que animaban a la población y, especialmente, a los niños, a comer estos vegetales para estar sanos y tener unos músculos de hierro. La campaña fue un éxito y, casi un siglo después, se sigue relacionando la ingesta de espinacas con la adquisición de una fuerza prodigiosa.

En sentido estricto, unos opinan que la primera vez que se utilizó esta técnica a cambio de una contraprestación fue en 1945 en la película "Mildred Pierce", en la que Joan Crawford saca del mueble bar una botella de bourbon "Jack Daniel´s" y sirve un par de vasos para él y su compañera; si bien otros retrasan su origen hasta la película "El Graduado" (1967), en la que Dustin Hoffman condujo un "Alfa Romeo Spider" o las películas de James Bond, donde el protagonista conducía flamantes vehículos de marcas concretas.

A partir de la década de los setenta aparecieron agencias especializadas, que hacían de intermediarios para buscar, gestionar y negociar emplazamientos de productos en series de televisión y películas, convirtiéndose en algo generalizado a partir de los años noventa. Así se hizo en cientos de películas, como "Blade Runner", "Big", "Desafío Total", "Instinto básico", "Forrest Gump", "Regreso al futuro", donde Marty McFly (Michael J. Fox) pedía una "Pepsi sin" en una cafetería de los años cincuenta, además de calzar zapatillas "Nike" o llevar un monopatín "Mattel", en "Men in Black", donde los protagonistas llevaban gafas oscuras de la marca "Ray-Ban", y más recientemente la película "Los becarios" (2013), cuyo argumento se desarrolla en las propias instalaciones de "Google", o el llamativo product placement con mención de "Seven eleven" que aparece en el remake de "Cazafantasmas" de 2016.

Es famoso el caso de los caramelos rellenos de chocolate "Reese's Pieces", que incrementaron sus ventas de forma espectacular tras ser comidos por el simpático alienígena de la película "E.T. el extraterrestre", estrenada en 1982 y que, como ocurre con otras películas, se repone periódicamente en televisión, con lo que el efecto publicitario perdura indefinidamente.

En España nos empezamos a familiarizar con el product placement en la televisión en la década de los noventa, donde comenzó a utilizarse en las series que tanto éxito tuvieron entre el público. En este sentido, ha pasado a ser parte del acervo colectivo la mesa del desayuno de la casa de la familia Martín de "Médico de familia" (Telecinco), la recordada teleserie de la productora Globomedia, repleta de productos de toda clase que, sin prestarles mayor atención, consumían los personajes mientras comentaban entre ellos lo que iban a hacer durante el día.

5.1. ¿Qué es el product placement?

El product placement es una forma de comunicación publicitaria audiovisual consistente en incluir, mostrar o referirse a un producto, servicio o marca comercial de manera que figure en un programa, a cambio de una remuneración económica u otro tipo de contraprestación similar.

A diferencia de la publicidad tradicional, el product placement tiene menores costes, su mención la hace un actor o personaje famoso en el seno de la obra audiovisual, por lo que su difusión se prologa de forma indefinida, pues volverá a producirse el impacto cada vez que se reproduzca el programa o película.

No hay que confundir el product placement con el suministro gratuito de determinados bienes o servicios –donde falta el elemento esencial de la contraprestación monetaria o pago similar que debe tener el product placement–, como las ayudas materiales a la producción o los premios para su inclusión en un programa, por ejemplo, cuando se utilizan productos de una determinada marca por exigencias del guion para dar credibilidad a la acción (coches, aviones, etc.) o cuando el premio consiste en un viaje con una determinada compañía de viajes.

Dado que uno de los elementos esenciales del product placement es que medie remuneración económica o contraprestación similar, en ocasiones se ha defendido que la falta de prueba sobre la existencia de dicha retribución excluiría que se tratara de un emplazamiento de producto, lo que le liberaría del cumplimiento de los requisitos exigidos.

Sin embargo, los tribunales han establecido que no es necesario acreditarlo, habiendo una suerte de presunción de la existencia de contraprestación directa o indirecta, al considerarse implícita la existencia de un beneficio por el mero emplazamiento del producto, siendo lo determinante que exista propósito publicitario, de forma que si no concurren los presupuestos legales, reconduciría a la normativa sobre publicidad encubierta.

5.2. Clases de product placement.

El product placement puede ser de varias clases en función de cómo interactúan los personajes con el producto emplazado. Así, es pasivo cuando el producto está presente en la escena sin que se haga mención alguna al mismo. Sería el caso de, por ejemplo, posicionar una lata de refresco en una mesa mientras se desarrolla la escena. Como veremos más abajo, en principio, sería la única modalidad que cumpliría con los requisitos legales.

Se considera que es activo cuando los personajes interactúan con el producto sin mencionarlo; en el ejemplo, bebiendo de la lata mientras dicen sus frases, pero sin comentarlo. Cuando la exposición del producto se consideró excesiva, se produjeron sanciones, como ocurrió en el caso de la presentación de "General Óptica" en la serie "Yo soy Bea" (Telecinco), sin perjuicio de que en este procedimiento conseguimos reducir considerablemente la sanción inicialmente impuesta por la S.E.T.S.I., lo que no era habitual.

Un paso más sería el activo con mención, que es cuando se incluyen en el guion alusiones expresas de los personajes al producto, aunque sin ensalzar sus cualidades; por ejemplo, un personaje pediría a otro que le acerque la lata para beber de ella. Este sería el supuesto de la sanción impuesta por la presentación de productos de "Sony" en el programa "Operación Triunfo" (Telecinco), al haberse presentado productos de su marca durante el desarrollo del programa (reproductor de mp3, ordenador portátil, cámaras digitales, etc.). En la misma línea estaría la sanción impuesta por la presentación de la película "300" en "La Sexta Noticias 14 horas" (La Sexta), al haberse mezclado imágenes de la películas con imágenes de fútbol relativas a la información que se estaba ofreciendo.

Finalmente, tendríamos el activo con ensalzamiento, explícitamente prohibido, en el que, no solo se menciona el producto, sino que se enaltecen sus cualidades con fines comerciales, por ejemplo diciendo que el refresco "está buenísimo". En esta línea, se impusieron sanciones por la presentación de bebidas del "Grupo Pascual" en la serie "La Lola" (Antena 3), al haberse exhibido el producto, al tiempo que los actores lo manipulaban y ensalzaban sus virtudes; por la presentación del producto "Nancy paseo en bici de Famosa" en la serie "El Internado" (Antena 3); y porque en la serie "Un paso adelante" (Antena 3) uno de los actores dijera a otro la frase "Jota Jota este es Cinco Jotas; Cinco Jotas saluda a Jota Jota. Soy Cinco Jotas un jamón de bellota".

Muchas de las sanciones por este motivo han venido causadas por la presentación de marcas hoteleras, como fue el caso de la multa por la presentación del producto "Hotel Zouk" en la serie "Aquí no hay quien viva" (Antena 3), debido a la clara identificación del producto, mediante encuadres de la fachada con el rótulo con su nombre, a almohadones y albornoces con la palabra "Zouk", mostrando sus habitaciones y los servicios del hotel, que fueron comentados por los personajes de la serie (piscina climatizada, camas de agua, jacuzzi, etc.). Asimismo, la inclusión de "Marina d'Or" en series ha sido objeto de varias sanciones. Así, se impusieron multas por su aparición en "Ana y los siete" (TVE) y en "Yo soy Bea" (Telecinco), en las que, además del anuncio sonoro, los personajes de la serie actuaban como empleados del establecimiento hotelero, desarrollándose las escenas en sus instalaciones.

A partir del product placement, han surgido otras figuras como el "plinking" o "product linking", que nació de la fusión de la técnica del product placement con la interactividad de internet, de forma que los propios consumidores crean contenidos incluyendo links de publicidad en los vídeos que suben a internet, a cambio de una compensación económica.

Otra modalidad es el "product homage", donde el producto emplazado se convierte de manera subliminal en el verdadero protagonista de la obra audiovisual como, por ejemplo, el robot "Eve" del clásico de Disney "Wall-e", cuyo diseño y movimientos evocan la marca "Apple".

También tenemos el "reverse product placement", que es cuando se crea una marca ficticia en una obra audiovisual que posteriormente pasa a ser una verdadera marca debido a la popularidad conseguida en la ficción, como la cerveza "Duff" que bebe Homer en "Los Simpson" y que se convirtió en una auténtica marca de cerveza.

En el reverso de la moneda estaría el "product displacement" que, por contraposición al product placement, consistente en la prohibición de utilizar un producto por su titular por entender que corre el riesgo de ser asociado a elementos negativos o valores contrarios a la propia marca, como en la película "Slumdog Millionaire", donde hubo que pixelar los logos del coche utilizado porque la marca no quería que se le asociara con los suburbios y la pobreza.

Mención especial merecen las nuevas tendencias publicitarias, como el "branded content" o "advertainment", que es un híbrido entre publicidad y entretenimiento que pretende seducir al consumidor sobre los valores de la marca sin que tenga la sensación de que está recibiendo publicidad, consiguiendo que lo consuma voluntariamente. Sería el caso de los cortos que pueden verse en la página web de la marca de cerveza "Estrella Damm" bajo la denominación común de "Mediterraneamente".

Algunos ejemplos son la película "La vida secreta de Walter Mitty", cuya trama gira en torno a la mítica revista "Life"; el canal "Joga tv", de la página web de "Nike", donde se exhiben imágenes de jugadores de fútbol haciendo malabarismos; el vídeo de "Ferrari" y "Shell" para conmemorar sus sesenta años juntos en la competición automovilística; o el salto de treinta y nueve mil metros realizado desde una cápsula suspendida de un globo estratosférico por el astronauta Felix Baumgartner ataviado con indumentaria de la marca de bebidas "Red Bull", convirtiéndose en el primer paracaidista en romper la barrera del sonido, sin apoyo mecánico y en caída libre.

Esta técnica también se ha utilizado en las producciones audiovisuales destinadas a niños, como la "Lego película" y las series de dibujos animados derivadas de ella, en la que los personajes y el escenario están construidos con piezas del juguete "Lego"; o la saga de películas cuyo protagonista es la famosa muñeca "Barbie".

Y finalmente citaremos el "advergaming", que utiliza los juegos (para ordenador, móviles, consolas, videojuegos, etc.) para que la marca del anunciante tenga una presencia omnipresente, logrando un gran impacto publicitario por el gran tiempo de exposición del usuario. Un ejemplo habitual es la inserción de marcas deportivas en videojuegos (por ejemplo, "Pro Evolution Soccer" o "FIFA Soccer"), a través de su exposición natural en las equitaciones de los jugadores o pilotos, en las vallas publicitarias del estadio o circuito, etc.

5.3. ¿Responsabilidad de la cadena o de la productora?

Una cuestión que siempre ha resultado polémica es establecer quién es el responsable último de las infracciones (y, por tanto, de las sanciones) que puedan cometerse por el incorrecto uso del product placement: o bien el prestador del servicio de comunicación (cadena de televisión, canal de distribución por Internet, etc.), que es quien hace la difusión pública de la obra audiovisual, pero que la adquirido de la productora "enlatado" (como un producto acabado); o bien la productora que realiza el programa o la película, que es quien ha hecho el emplazamiento y, normalmente, ha obtenido los beneficios del mismo.

Antes de la Ley General de la Comunicación Audiovisual, los tribunales dictaminaron que el prestador del servicio de comunicación era el último responsable del contenido que se emite, pues tiene capacidad para exigir a la productora las modificaciones que considere oportunas y ostenta el control de hecho en la presentación de los programas y, además, también resulta beneficiado por poder adquirir el producto a un precio menor debido a la financiación extra obtenida con el emplazamiento de producto.

Sin embargo, la Ley General de la Comunicación Audiovisual dispone que el prestador del servicio de comunicación no incurre en responsabilidad administrativa cuando emita comunicaciones comerciales elaboradas por personas ajenas (la productora), sin perjuicio de que deberá cancelar su emisión al primer requerimiento efectuado por la autoridad competente o por cualquier organismo de autorregulación al que pertenezca (por ejemplo, Autocontrol).

Otra cuestión espinosa era la posibilidad de sancionar al prestador del servicio de comunicación con la revocación de la licencia para prestar el servicio de comunicación audiovisual por ondas hertzianas terrestres (licencia televisiva) y el consiguiente cese de la prestación del servicio, prevista por la normativa sobre publicidad encubierta y que, tras la promulgación de la Ley General de la Comunicación Audiovisual, no resultaría de aplicación a las infracciones relacionadas con el product placement.

Este cambio de criterio vino motivado por que, sin perjuicio de que nunca se llegó a aplicar, era una cuestión que preocupaba a las cadenas de televisión, teniendo en cuenta que el product placement es una técnica comúnmente utilizada por las productoras para ajustar el precio de los programas.

5.4. Alegalidad del product placement antes 2010

Antes de la promulgación en 2010 de la Ley General de la Comunicación Audiovisual, el product placement no estaba expresamente regulado en España, y la normativa sobre publicidad prohibía la publicidad y la televenta encubiertas. Sin embargo, la realidad es que esta técnica constituía una ayuda nada desdeñable a la hora de afrontar las producciones y por eso se buscaba el sustrato legal para poder hacer uso del emplazamiento de producto.

Con este objetivo se invocaba el derecho fundamental a la producción artística, en el sentido de que no se podría impedir la libertad creativa y de expresión de los autores de obras audiovisuales, al estar protegida por el artículo 20 de la Constitución española, que reconoce y protege el derecho a la producción y creación literaria, científica y técnica.

Sin embargo, los tribunales no estaban conformes con esta interpretación y dictaminaron que la libertad de creación no tiene que ver con la publicidad encubierta, concepto contrario a la producción y creación artística, de forma que se trastocaría en un instrumento que perseguiría una finalidad distinta no permitida por la ley.

Aun así, es cierto que había cierta tolerancia con el product placement, siempre que se hiciera dentro de unos parámetros, en consonancia con la línea marcada por la Unión Europea con la finalidad de fomentar una industria europea de contenidos fuerte y creativa mediante una flexibilización de la normativa sobre publicidad en televisión, que permita diluir los esfuerzos de financiación de las obras audiovisuales y rentabilizar la inversión realizada en su producción; y todo ello con el propósito de mejorar la competitividad frente a la de otros países, en particular, al poderoso mercado norteamericano.

Y, en efecto, la Directiva de 2007 de la Unión Europea ya definía el product placement como toda forma de comunicación comercial audiovisual consistente en incluir o referirse a un producto, servicio o marca comercial de manera que figure en un programa, a cambio de una remuneración o contraprestación similar; considerándolo lícito en obras cinematográficas, películas y series realizadas para servicios de comunicación audiovisual, programas deportivos y programas de entretenimiento, siempre que se cumplan los requisitos marcados.

En esta situación, y ante la falta de regulación expresa por las leyes españolas, fue la S.E.T.S.I. (Secretaria de Estado de Telecomunicaciones y para la Sociedad de la Información) la que estableció que el emplazamiento de producto era una actividad autorizada por la Administración, como diferente de la publicidad encubierta, siempre que se realizara cumpliendo unas condiciones.

De esta forma, la presencia del producto ha de formar parte del atrezzo lógico del programa y no de forma reiterada, ni en número tal que desvirtúe su condición de elemento decorativo o necesario en la escena; que no se realice mención verbal alguna al producto presentado y menos aún a sus posibles virtudes o ventajas; que no se resalte la presencia del producto utilizado como decorado mediante la ubicación de carteles publicitarios formando parte del decorado, sin justificación por el contexto; que el contenido del guion no se vea influido artificialmente por la inclusión de estos elementos publicitarios; y que no se remarque artificialmente la presencia del producto mediante encuadres o movimientos de cámara, alterando el normal desarrollo de la narración audiovisual, ni forzando una ruptura o distorsión en la continuidad narrativa.

Además, queda expresamente prohibida respecto de productos cuya publicidad no esté permitida (tabaco, alcohol, medicamentos, etc.). Este fue el motivo por el que tuvieron sanción la presentación del whisky "Lagavulin" en la serie "Yo soy Bea" (Telecinco), "Anís Castellana" en la película "Supersalidos", y ordenador portátil "Toshiba" y whisky "JB" en la serie "Escenas de matrimonio" (Telecinco).

También se sancionó a la serie "Aída" (Telecinco), al haber una escena, desarrollaba en una casa en la que se realizaba una sesión de espiritismo, donde entra en escena el personaje "Luisma" diciendo: "Vamos al lío, que he traído una botella de coñac y un cartón de Ducados, ya verás cómo con esto se manifiesta mi padre", llevando en una mano la botella de coñac, sin que se identifique la marca, y en la otra un cartón de "Ducados" claramente identificable.

A pesar de existir estas directrices, lo cierto es que los criterios sancionadores no siempre estaban claros, lo que motivó que se produjeran abundantes procedimientos judiciales contra las resoluciones de la S.E.T.S.I. que impusieron sanciones -en muchos casos de elevada cuantía- por el uso inadecuado del product placement.

5.5. ¿Ahora es legal el product placement?

Como hemos comentado, la aparición en 2010 de la Ley General de la Comunicación Audiovisual aportó la novedad de hacer mención expresa al derecho a emitir con emplazamiento de productos, largometrajes, cortometrajes, documentales, películas y series de televisión, programas deportivos y programas de entretenimiento, por lo que se abandona definitivamente la consideración de que el product placement pudiera ser una técnica de comunicación comercial audiovisual televisiva encubierta.

Sin perjuicio de ello, en aras de lograr una adecuada protección del consumidor televisivo, se establece la obligación de informar claramente al público del emplazamiento del producto al principio y al final del programa, y cuando se reanude tras una pausa publicitaria. En la práctica esto se suele cumplir mediante la inserción al comienzo del programa de un logo con la leyenda "Emplazamiento publicitario".

No obstante, el uso del product placement no es libre, pues se establecen unos límites –en la línea de lo que ya venía haciendo la S.E.T.S.I.–, de forma que está prohibida la comunicación comercial cuando condicione la independencia editorial, si incita directamente la compra o arrendamientos de bienes o servicios, a realizar promociones concretas de éstos o dar prominencia indebida al producto; y, en todo caso, no puede hacerse en la programación infantil.

Asimismo, hay algunos productos que están vetados al product placement, como los que fomenten comportamientos nocivos para la salud, cigarrillos y demás productos del tabaco y de las empresas que los producen; medicamentos y productos sanitarios financiados con fondos públicos que para su utilización requieran la intervención de un médico que realice el diagnóstico (no es aplicable si solo requiere la intervención de un farmacéutico), la prescripción o el seguimiento del tratamiento o que constituyan sustancias psicotrópicas o estupefacientes con arreglo a lo definido en los convenios internacionales; bebidas alcohólicas con un nivel superior de veinte grados (si son de graduación inferior podrá usarse el product placement, siempre que el programa se emita entre las 20:30 horas y las 6:00 horas, salvo que esta publicidad forme parte indivisible de la adquisición de derechos y de la producción de la señal a difundir, y que no esté dirigida a menores, no fomente el consumo inmoderado, ni asocie el consumo a la mejora del rendimiento físico, el éxito social o la salud);

Asimismo, aunque con una presencia menos común en el product placement tampoco se permite la publicidad de productos que fomenten comportamientos nocivos para el medio ambiente, para la seguridad de las personas y los de naturaleza política, salvo en los supuestos previstos en la normativa que regula las campañas electorales (Ley General Electoral).

Debido a la "legalización" del product placement realizada por la Ley General de la Comunicación Audiovisual, tras su entrada en vigor, se planteó la posibilidad de aplicarla retroactivamente a los procedimientos sancionadores que estaban en curso por actuaciones producidas con anterioridad, con la pretensión de lograr la anulación de las sanciones impuestas previamente. Sin perjuicio de que esto fue rechazado por los tribunales, en todo caso, ya sea con el régimen de tolerancia anterior a dicha norma o con la regulación expresa de ésta, la delimitación entre publicidad encubierta y product placement vendrá determinada por el cumplimiento de los parámetros expuestos.

En 2013 se creó la Comisión Nacional de los Mercados y la Competencia (C.N.M.C.), que agrupó las funciones relativas al correcto funcionamiento de los mercados y sectores supervisados por diversos organismos, entre ellos, el Consejo Estatal de Medios Audiovisuales. Por tanto, a partir de entonces, la C.N.M.C. es el órgano encargado de imponer las sanciones que correspondan por el incorrecto uso del product placement.

Y es que el hecho de que el product placement sea ahora una conducta permitida, no significa que pueda hacerse sin límites ni que haya desaparecido la figura de la publicidad encubierta, como lo demuestra el hecho de que, tras la promulgación de la Ley General Audiovisual, se han incoado diversos procedimientos sancionadores.

De esta forma, en 2015 se sancionaron las entrevistas a Meli Camacho incluidas en el programa "¡Qué tiempo tan feliz!" (Telecinco) en las que se presentaron diversos productos (Salsas con sabor a gloria, Lipobloq, Serenlider, Slim Nutrients, Sales de baño de magnesio Santa Isabel y Numckatos), indicando el precio de los mismos y se hacía referencia a su blog para ampliar la información facilitada. Asimismo, se ha sancionado al programa "El chiringuito de jugones" (Neox) por la campaña publicitaria que promocionó la casa de apuestas online "Sportium" mediante la inserción durante la emisión de sobreimpresiones y transparencias en la pantalla con textos escritos e imágenes del producto.

6.
No vulnerar el derecho al honor

El derecho al honor es uno de los tres derechos personalísimos regulados por el artículo 18 de la Constitución española, con rango de derechos fundamentales (de especial protección constitucional); y se define como el derecho a no ser escarnecido o humillado ante uno mismo o ante los demás, prohibiéndose que nadie se refiera a nosotros de forma insultante o injuriosa o atentando injustificadamente contra nuestra reputación, haciéndola desmerecer ante la opinión ajena. En palabras sencillas, sería nuestro derecho a una "buena fama".

A diferencia de los otros dos derechos personalísimos (intimidad y propia imagen), que son exclusivos de las personas físicas, los tribunales ha reconocido el derecho al honor de las personas jurídicas. En 2014 una sentencia del Tribunal Supremo dictada ha confirmado la condena contra el diario francés "Le Monde" a pagar una indemnización de trescientos mil euros al Real Madrid y otra de quince mil euros al F.C. Barcelona por la información que publicó vinculando a estos clubs con el doctor Eufemiano Fuentes, condenado en la "Operación Puerto" por su relación con el dopaje.

Y es que, aunque una persona jurídica no pueda sentirse ofendida por aspectos relativos a su filiación, su identidad sexual o cualquier otra cuestión que esté indisolublemente unido a la condición de persona física, si puede ver afectado su prestigio público, aspecto capital en su actividad, ya que la reputación profesional de una entidad mercantil es imprescindible para el cumplimiento de sus objetivos sociales y para el desempeño de los fines para los que fue constituida.

Sin embargo, esta extensión del derecho al honor sólo se aplica a las personas jurídicas sometidas al derecho privado, pues en 2016 el Tribunal Supremo matizó que las personas jurídicas de Derecho Público (Estado, Comunidades Autónomas, Ayuntamientos, etc.) no son titulares del derecho al honor, aunque precisó que los partidos políticos, sindicatos y fundaciones también gozarían de este derecho.

Según establece la preconstitucional Ley de Prensa de 1966, conocida como "Ley Fraga" en honor a su mentor, el entonces Ministro de Información y Turismo, Manuel Fraga (aún vigente en algunas cuestiones como, por ejemplo, esta, sin perjuicio de que fuera drásticamente modificada en 1984), comparte con los otros dos derechos la llamada responsabilidad en cascada, que supone que son responsables solidarios el autor de los comentarios, la productora que haya realizado el programa y la cadena de televisión que lo haya emitido.

6.1. Informativos

El artículo 20 de la Constitución española promulga, como derecho fundamental (al igual que el mencionado artículo 18 de la Carta Magna), el derecho a la información, esto es el derecho a comunicar (los periodistas y medios de comunicación) y recibir (los ciudadanos) libremente información veraz por cualquier medio de difusión.

La inspiración de esta norma radica en que la libertad de Prensa se considera uno de los pilares del sistema democrático, por lo que se prohíbe expresamente la censura previa, reproduciendo el sistema norteamericano (sentencia de 1931de Near contra el Estado de Minnesota y sentencia de 1971de New York Times contra Estados Unidos), que establece que una orden judicial ("injunction") previa a la publicación o emisión del mensaje informativo puede suponer una restricción injustificada de la libertad de Prensa porque el público tiene el derecho a saber ("right to know").

Así lo confirmó nuestro Tribunal Constitucional en 1982 en la histórica sentencia donde se enjuició la expulsión del Director del periódico "Diario 16" por la Corte Suprema de Justicia Militar de la sala donde se estaba juzgando el fallido golpe de estado del 23 de febrero de 1981, pues estableció de forma rotunda que los derechos de los ciudadanos tienen prevalencia, incluso, sobre la ley, de forma que la Constitución garantiza el mantenimiento de una comunicación pública y se reconoce la naturaleza jurídica de los órganos de comunicación social como mediadores entre la noticia y cuantos ciudadanos no están donde se produce la noticia.

Sin embargo, para que exista una auténtica información es necesario que sea veraz, objetiva y sin ánimo de desmerecer a la persona sobre la que se informa. Esto no significa que haya una realidad incontrovertible (lo que llevaría al absurdo de limitar la información a hechos plena y exactamente demostrados), sino una diligente actitud de comprobación.

Y esta diligencia excluye recoger simples rumores o fuentes anónimas o genéricas (como la mención de "fuentes policiales" o "personas cercanas al interesado"), lo que no implica tener que revelar las fuentes, pero sí hacer las suficientes comprobaciones para confiar en esas fuentes. Por ello, es recomendable conservar la documentación y fuentes consultadas, por si alguien (que no hubiera leído este libro) iniciara un proceso judicial, y hubiera que oponerle la llamada "exceptio veritatis".

De esta forma, resulta recomendable pasar la noticia por un tamiz que nos permita confirmar que es veraz, que es necesario transmitir esa concreta información para tratar de la materia, de interés público, de la que se quiere informar y evitar que ésta incluyan expresiones vejatorias o imbuidas de una carga negativa y que sean innecesarias para el objeto de la información.

Sentado lo anterior, los noticiarios abren cada día sus ediciones con una infinidad de noticias de diversa procedencia. En su mayoría, la fuente serán las agencias de prensa, que habrán realizado una mayor o menor labor de comprobación; pero tampoco es extraño que se divulguen declaraciones, fotografías o videos proporcionados por particulares. Asimismo, es habitual que se emitan declaraciones obtenidas in situ de personajes noticiables que, en ocasiones, hacen imputaciones de todo tipo a otras personas. ¿Cómo asegurarnos de que se cumplen los requisitos exigidos para poder difundir la información?

Pues bien, precisamente en aplicación del derecho de la ciudadanía a estar debidamente informada de todo cuanto acontece, se entiende que son supuestos en los que no se puede exigir una diligencia de comprobación exhaustiva, toda vez que pueden ser noticia en sí mismas, independientemente de su veracidad o falsedad, por lo que si se cumplen los requisitos exigidos, el responsable de las declaraciones o de la información reproducidas será su autor material. Esto es lo que se conoce como la teoría del reportaje neutral.

Fue el Tribunal Supremo de Estados Unidos quien sentó sus bases en la sentencia del caso New York Times contra Sullivan, que resolvió el procedimiento por injurias iniciado por el comisario de la ciudad de Montgomery, L. D. Sullivan por sentirse implicado en los hechos relatados en una carta publicada en 1960, en la que se denunciaba la represión policial sufrida por los estudiantes negros cuando se manifestaron en la universidad en defensa de sus derechos civiles, así como el bombardeo sufrido en la casa de Martin Luther King. En ella se estableció que no hay derecho a indemnizaciones por injurias, salvo que el medio de comunicación conociera la inexactitud de lo publicado o que no se molestó en averiguarlo.

Ya en España, nuestro Tribunal Constitucional ha establecido que estamos ante un reportaje neutral cuando el medio de comunicación actúa como mero canal de transmisión, limitándose a recoger fielmente lo dicho por otro y, por tanto, no haya manipulación de la información, siempre que no haya indicios razonables de falsedad, para evitar que el reportaje se convierta en un vehículo de transmisión de rumores o insidias, por no ser esta la función de los medios de comunicación.

En consecuencia, es reportaje neutral aquel que simplemente da traslado de la noticia procedente de otra fuente de información, mientras que no tiene ese carácter cuando se trata de información que ha sido asumida por el medio de comunicación y el periodista como propia, de forma que presente los caracteres de información propia elaborada por el medio de comunicación, aunque tenga su origen en una noticia difundida previamente por otra fuente.

Esto implica que es necesario que exista conexión material entre las declaraciones del tercero y el objeto del reportaje en el que se incluyen, que dichas declaraciones no se pueden fraccionar, que no se puede interferir en ellas con la inclusión de manifestaciones propias y que el medio de comunicación que las reproduce no puede hacerlas suyas, pues ello provocaría que dejaran de tener su fuente en un tercero.

Sin perjuicio de todo ello, si alguien considera que alguna información de hechos que le aludan fuera inexacta y su divulgación le causa algún perjuicio, la ley establece un mecanismo llamado derecho de rectificación, por el que en el plazo de siete días desde la emisión de la noticia, se puede solicitar al director de la cadena que rectifique la información incorrecta. La cadena dispone de tres días para hacer dicha rectificación y, si considera que no debe hacerlo, será necesario que el afectado acuda a los tribunales para que resuelvan la cuestión.

6.2. Retransmisiones

Lo primero que necesitamos a la hora de hacer una retransmisión es disponer de la necesaria licencia del propietario de los derechos de imagen de las personas que vayan a aparecer. Obviamente, en el caso de que hagamos una retransmisión, por ejemplo, de un evento deportivo, sin la previa adquisición de los correspondientes derechos, es muy probable que recibamos una demanda.

Dicho esto, no siempre es fácil discernir a quien corresponden los derechos televisivos, como ocurrió en la llamada "guerra del fútbol", que se libró durante años en los juzgados entre Audivisual Sport (cuyo propietario mayoritario era Prisa tv, la antigua Sogecable) y Mediapro, que finalmente resultó vencedora tras la sentencia dictada por el Tribunal Supremo en 2015, sin perjuicio de lo cual, los jugosos beneficios económicos generados por el mundo del fútbol provoca que los conflictos por estos derechos sigan produciéndose.

Dejando al margen esta cuestión, ¿qué pasa si estamos haciendo una retransmisión legítimamente y ocurre algún hecho ajeno al espectáculo televisado? Y si dicho hecho fuera delictivo,

¿retransmitir y, por consiguiente, generar un efecto multiplicador en su difusión podría generarnos problemas?

Así las cosas, las retransmisiones no habían planteado mayores incidentes hasta que se puso de moda la irrupción de espontáneos con fines reivindicativos o simplemente buscando el llamado "minuto de gloria", por ejemplo, lanzándose en veloz carrera al terreno de juego en cueros hasta ser interceptado por las fuerzas de orden público. Para tratar de desincentivar estos sucesos se consensuó la decisión de no enfocar a estos sujetos mientras realizaban su supuesta hazaña, al objeto de frustrar el objetivo publicitario que persiguen.

No obstante, últimamente ha surgido el debate de cómo actuar cuando en determinados partidos (normalmente de fútbol) se produzcan pitadas a las autoridades, al himno y la bandera nacionales, según se dice, como forma de expresar reivindicaciones de carácter político ajenas a lo puramente deportivo. Y es que, sin perjuicio de lo que pudieran decidir los tribunales al respecto posteriormente, en el momento en que se están produciendo los hechos debe tomarse la decisión de si ha de ocultarse el hecho o retransmitirse también para que sea conocido por los ciudadanos y puedan sacar sus propias conclusiones.

Una primera opción para valorar la oportunidad de efectuar su retransmisión sería analizar si el hecho constituye un delito, aunque puede que esto no sea tarea fácil. Por una parte, el citado artículo 20 de la Constitución Española protege el derecho a la libertad de expresión de los ciudadanos que en, este caso, estarían mostrando su oposición a aquello que pitan; y, por otra parte, el código penal considera que son delito las calumnias e injurias al Rey o su familia que se produzcan en el ejercicio de sus funciones, así las ofensas o ultrajes, efectuados con publicidad, a España, a sus Comunidades Autónomas o a sus símbolos o emblemas.

La prudencia aconseja dejar que tan espinosa cuestión sea resuelta por los tribunales y resolver nuestra duda por otra vía que nos permita hacer la retransmisión como meros testigos de lo que allí acontece, como es la teoría del reportaje neutral, a la que nos hemos referido en el apartado anterior.

6.3. Tertulias

Con el mismo nivel de protección que el derecho a la Información, también el artículo 20 de nuestra Constitución protege la libertad de expresión, entendida como el derecho a expresar y difundir libremente los pensamientos, ideas y opiniones mediante la palabra, el escrito o cualquier otro medio de reproducción; todo ello sin que pueda restringirse mediante ningún tipo de censura previa.

Teniendo como antecedente el legendario "La clave" (TVE), si un formato ha proliferado en la televisión patria es el de los coloquios de todo tipo de temática y con tertulianos de toda clase y condición. Dejando al margen los programas del corazón de los que hablaremos luego, por citar algunos, entre los de contenido político estarían "59 segundos" y "El debate de la 1" (TVE), "La Sexta Noche" (La Sexta), "Un tiempo nuevo" (Telecinco), "El gato al agua" (Intereconomía), "El cascabel" y "La Marimorena" (13 TV); y, dentro de los de temática deportiva tendríamos el reinventado "Estudio Estadio" (Teledeporte), "Futboleros" (Marca TV), "Punto pelota" (Intereconomía), "El chiringuito de jugones" (Neox y Mega), etc.

Algunos tertulianos, más o menos informados sobre su derecho a expresarse libremente, no son siempre conscientes (queremos pensar) de los limites que tiene este derecho que, como todos, finaliza donde empiezan los de los demás. Y es que, en ocasiones, en estos acalorados debates hay quien olvida que se encuentra en un plató y desata sus sinceros pensamientos sin ambages. Y esto, que sería una virtud con carácter general, pues confirma la madurez democrática de nuestra sociedad, dispuesta a acoger cualquier pensamiento por distinto que pueda ser del de enfrente, puede suponer un problema (incluso judicial) en el caso de que se rebasen determinados límites.

De esta forma, están expresamente prohibidos (incluso con sanción en el código penal) los comentarios que sobrepasen unas determinadas líneas rojas que se han establecido por consenso social y en aplicación del espíritu del artículo 14 de la Constitución, que son aquellos que provoquen a la discriminación, al odio o a la violencia por motivos racistas, étnicos, ideológicos, religiosos, de situación familiar, de origen nacional, de sexo, de orientación sexual, de enfermedad o minusvalía, de opinión o cualquier otra circunstancia personal o social.

Tampoco se permiten insultos, entendidos como expresiones indudablemente injuriosas, sin relación con las opiniones que se expongan y que resulten innecesarios para expresar la idea que se quiere transmitir, por lo que constituirían una vulneración del derecho al honor. En el caso de que las ofensas sean graves, podrían ser constitutivas de un delito de injurias (acción o expresión que lesionan la dignidad de la otra persona, menoscabando su fama o atentando contra su propia estimación) o calumnias (la imputación de un delito hecha con conocimiento de su falsedad o temerario desprecio hacia la verdad), sancionados por el código penal.

Es importante aclarar que son insultos aquellas expresiones que se consideran vejatorias o injuriosas en cualquier contexto (en principio, los exabruptos), sin perjuicio de analizar cada caso concreto, sin que tengan esta consideración las críticas duras, por ácidas y desagradables que le puedan resultar al afectado, los comentarios o juicios de valor bruscos, desabridos, o de mal gusto, ni los comentarios jocosos, debiendo tenerse en cuenta factores de especial relevancia como los usos sociales, la proyección pública de la persona y el contexto en el cual se realizan las expresiones; y todo ello desde la perspectiva de un criterio medio de susceptibilidad, sin que resulte relevante la hipersensibilidad o susceptibilidad del destinatario de los comentarios.

Por poner algunos ejemplos, la jurisprudencia ha considerado que, en el contexto y circunstancias en que fueron proferidos, no son atentatorios términos como "una pandilla sin vergüenza", "cómo esconden el dinero" "sectario, servil y perito en traiciones", "ser que aúlla y estremece violentamente sus extremidades", "la frustración y el rencor son sentimientos negativos que impiden ver con objetividad", "divo petulante y narcisista", "una patética manifestación de ignorancia", "aflora su mala conciencia", "fatuo personaje", "petulante sabio", "personajes irresponsables, atrevidos e ignorantes", "cacique", "cínico", "ladrón", "fascista", "renegado lleno de complejos", etc.; porque este tipo de expresiones han de situarse en el ámbito en el que se realizan, de forma que los telespectadores son conscientes de ello y relativizan su significado.

En consecuencia, dado el carácter casuístico de estas cuestiones, es importante conocer el contexto del lugar y ocasión donde se han proferido para ver la intencionalidad de la expresión. Por ejemplo, en Andalucía se utilizan habitualmente los vocablos "picha" para los varones y "chocho" para las féminas, estando comúnmente aceptado que no existe la más mínima intención peyorativa, lo que excluiría el "animus difamandi".

Por último, debido a la relativa frecuencia con que se produce, es oportuno recordar que no cabe disfrazar de libertad de expresión determinadas afirmaciones respecto de la supuesta certeza de determinados hechos (como, por ejemplo, cuando se asegura tal o cual cosa por haber recibido el tertuliano un mensaje en su teléfono móvil durante el transcurso del debate o cuando se hace referencia, sin más, a una desconocida fuente de total confianza), ya que pasaríamos al campo de la información y, en consecuencia, la misma ha de ser veraz y constatable, lo que, evidentemente, no queda cumplido por la sola manifestación sobre la existencia de una supuesta acreditación no comprobable.

6.4. Humor

Frente al "animus difamandi" (voluntad de difamar), se encuentra el "animus jocandi" (voluntad de bromear), que constituye el llamado derecho a hacer chistes, legítimo dentro de un contexto jocoso y burlón meramente humorístico, sin que ello constituya una lesión al honor, por más el destinatario del chascarrillo considere que la mofa supone un escarnio público. En efecto, así lo han considerado nuestros tribunales, que establecen que hay que tener en cuenta el contexto jocoso y burlón meramente humorístico, de forma que en estos supuestos no puede considerarse que se haya producido una intromisión ilegítima al honor.

Dentro del ámbito del humor, en el mundo televisivo es habitual que se produzcan imitaciones y parodias de personajes públicos. Aunque, con las restricciones propias de su época, los queridos Tip y Coll hicieron los primeros conatos en este sentido con su repetido "...y la próxima semana hablaremos del gobierno", los pioneros en este medio fueron el dúo Martes y Trece y su famosa empanadilla, tras los que aparecieron Los Morancos, Cruz y Raya, etc. Aunque, los humoristas defienden que el afectado debería sentirse halagado, ya que es un honor reservado para quienes gozan de relevancia pública, lo cierto es que, en ocasiones, algunos se sienten ofendidos.

En la actualidad programas como "El Intermedio" (La Sexta) han popularizado los montajes de vídeo donde se entrelazan declaraciones de un personaje con imágenes de otros y se alteran los órdenes de las frases. También son populares las escenas de marionetas sobre personajes famosos y cargos públicos (por ejemplo, los "guiñoles" que popularizó en España Canal +), que se consideran una suerte de caricatura audiovisual, como forma de expresarse libremente, de satirizar, de provocar la risa y el debate, contribuye al acervo común y a la libre expresión de ideas y opiniones.

Para resolver esta cuestión, debemos acudir a los mismos criterios que regulan la libertad de expresión del artículo 20 de la Constitución a que hemos hecho referencia en el apartado anterior, pues la broma forma parte de aquélla, ya que se entiende que constituye una forma de crítica, aunque sea en tono sarcástico. De esta forma, el límite fundamental sería el insulto, sin perjuicio de que será necesario contextualizar cada caso para ver si realmente puede considerarse agraviada (desde un punto de vista jurídico) la persona destinataria de la broma.

En este sentido se manifestó el Tribunal Supremo al desestimar la demanda interpuesta en relación con los chistes realizados por Angel Martín en el programa "Se lo que hicisteis..." (La Sexta) sobre la intervención de un señor en el programa de televisión "El juego de tu vida" (Telecinco) –concurso que premiaba hasta con cien mil euros la sinceridad y valentía de los concursantes para revelar públicamente cuestiones personales–, en el que indicó que no le gustaría hacer un trio con su esposa (también presente en el programa); tras lo cual, el famoso presentador ironizó sobre ello parafraseando al concursante diciendo: "¿con mi mujer? ¿con la foca aquella? No, no, no. Vamos, ni pagando".

Y es que, aunque el término "foca" podría ser considerado como un insulto, entendió el Tribunal Supremo que, en el contexto analizado, la actuación voluntaria de este matrimonio en este programa de televisión determina que su actuación pueda ser objeto de crítica, en la que tiene cabida el género de humor, y dentro de este género han de ser entendidas las palabras utilizadas.

Aunque la ley no define el concepto caricatura, se entiende como aquel dibujo satírico en que se deforman las facciones y el aspecto de alguien. Esta la definición tradicional del concepto, pero no la única posible, ya que la propia realidad nos viene demostrando que la caricatura no tiene por qué ser un dibujo, sino que adopta las más variadas formas. Por ello, la definición primigenia de la caricatura como dibujo se ha ido ampliando históricamente en función de los nuevos usos, y así se entiende que la caricatura puede revestir la forma de un texto literario, de una figura tridimensional y, en general, de cualquier obra artística. Es posible, por tanto, y de hecho cada vez más frecuente, la caricatura audiovisual, especialmente en una sociedad como la nuestra en el que lo audiovisual ha relegado a un segundo plano a lo gráfico.

La caricatura es una forma de opinar, de expresarse libremente, de satirizar, de provocar la risa y el debate, contribuye al acervo común y a la libre expresión de ideas y opiniones. Su único límite en nuestra legislación es que se lleve a cabo de acuerdo con el uso social, es decir, de una forma que no ofenda a la persona, que no pueda ser considerada como insultante, injustificadamente hiriente o vejatoria.

Este fue el caso del litigio entablado por el periodista Hermann Tertsch, conductor entonces de "Diario de la noche" (Telemadrid) por un vídeo emitido en el programa "El intermedio" (La Sexta) en la que se hizo un montaje en el que se le ve decir que mataría a quince pacifistas, que está dispuesto a acabar con quince menores y con sendos ministros del gobierno, incluso con el presidente Zapatero; cuando, en realidad había dicho que "Frente a tanto ministro pacifista que prefiere morir a matar, la decisión de matar a un enemigo que nos quiere matar está justificada como defensa legítima y si pudiera matar a quince miembros de Al Qaeda para liberar a tres compatriotas secuestrados lo haría sin dudar".

De esta forma, se estableció que son numerosos los programas existentes en las parrillas de nuestra televisión en los que a través de los sketchs, de estas manipulaciones y montajes de vídeos, se hace una crítica, sarcástica y humorística, de nuestra realidad cotidiana, por lo que hay que tener en cuenta el programa y la faceta profesional de "El Gran Wyoming", conocido humorista, por lo que nos encontramos ante un programa de humor que, partiendo de noticias de actualidad, satiriza la noticia, donde se lleva hasta el extremo de la extravagancia y la ridiculización, por lo que se encuentra desprovisto de toda lesión al honor, máxime cuando no se infirieron insultos, no se hizo una imputación de hechos ni una manifestación de juicios de valor a través de acciones o expresiones que de cualquier modo lesionen la dignidad, menoscabando su fama o atentando contra su propia estimación, ni se hizo ninguna crítica.

Esto no significa que el tono humorístico sirva de justificación para decir cualquier cosa, pues no hay que rebasar determinados límites (algunos castigados por el código penal), evitando el descrédito, menosprecio o humillación de las víctimas de delitos terroristas o de sus familiares, así como de víctimas de genocidios o similares (por ejemplo, el holocausto), así como respetar los sentimientos religiosos.

Para finalizar, comentar el caso del fallecido cantautor Javier Krahe, que aunque finalmente resultó absuelto en 2012, tuvo un disgusto por esta cuestión cuando el Centro Jurídico Tomás Moro presentó una querella criminal por entender que se había menoscabado, humillado y herido los sentimientos religiosos por la emisión que hizo en 2004 el programa "Lo + plus" (Canal +) de un vídeo realizado en los años setenta titulado "Cómo cocinar un crucifijo".

Y es que la práctica del humor no sería una excusa para realizar conductas que están tipificadas penalmente, como hacer comentarios que provoquen a la discriminación, al odio o a la violencia contra grupos o asociaciones por motivos racistas, antisemitas u otros referentes a la ideología, religión o creencias, situación familiar, la pertenencia de sus miembros a una etnia o raza, su origen nacional, su sexo, orientación sexual, enfermedad o minusvalía; ofender los sentimientos de los miembros de una confesión religiosa, hacer escarnio de sus dogmas, creencias, ritos o ceremonias, o vejen a quienes los profesan o practican; generar descrédito, menosprecio o humillación de las víctimas de los delitos terroristas o de sus familiares; y negar o justificar la destrucción total o parcial de un grupo nacional, étnico, racial, religioso o determinado por la discapacidad de sus integrantes o pretendan la rehabilitación de regímenes o instituciones que amparen prácticas generadoras de los mismos.

7. Respetar el derecho a la intimidad

Otro de los tres derechos personalísimos con protección constitucional es el derecho a la Intimidad personal y familiar, que es el círculo íntimo, personal y familiar sobre el que se permite excluir el conocimiento de los demás y la publicidad incontenida del mismo, mediante la revelación o publicación del contenido de cartas, memorias u otros escritos personales de carácter íntimo. En otras palabras, es el derecho a que no produzca la divulgación de nuestra vida privada. O como se formuló en sus orígenes: "the right to privacy is the right to be let alone" (el derecho a la intimidad es el derecho a ser dejado en paz).

A diferencia de lo que ocurre con el derecho al honor, el derecho a la intimidad no le está reconocido a las personas jurídicas, sin perjuicio de que puedan contar con la protección legal de sus secretos industriales a través del derecho de patentes, por la normativa sobre competencia desleal, etc., e, incluso, por vía penal en el supuesto de que concurran los elementos necesarios para constituir un tipo delictivo.

Este derecho permanece plenamente vigente aún en el caso de que se esté ejercitando el derecho a la información, por más que la noticia pudiera ser veraz, de forma que, aunque la información que se transmita sea real, puede vulnerar el derecho a la intimidad si dicha información no es de interés general o proporcional al fin de la noticia. Por ejemplo, no sería lícito informar sobre el desarrollo de una huelga y añadir que uno de los sindicalistas es homosexual.

Y es que, aunque es cierto que la promulgación en 2005 de la ley que permite los matrimonios entre personas del mismo sexo marcó un antes y un después en la consideración de los comentarios relativos a la homosexualidad, de forma que hoy se considera que no habría vulneración del derecho al honor, salvo que se realicen con intención homófoba; también lo es que no se puede obligar a nadie a "salir del armario" contra su voluntad, por lo que revelar la condición homosexual de alguien que no lo haya manifestado voluntaria, previa y públicamente, vulneraría su derecho a la intimidad.

Sentado lo anterior, como veremos a continuación, es necesario tener en cuenta determinadas circunstancias como los usos sociales, los propios actos de las personas afectadas, la edad del sujeto, su situación personal y familiar, etc. que matizan este derecho, atenuando o incrementando su protección.

7.1. Personajes públicos

Hay personas que por su profesión (u otros motivos) se han convertido en públicas, como quienes ejercen un cargo público (por ejemplo, los políticos), dado que la publicidad va ligada a la profesión que se ha elegido, o son populares por razón de su oficio (futbolistas, toreros, actores, etc.), habiendo permitido (aunque sea por omisión) que sean conocidos extremos de su vida privada, por lo que por sus propios actos han fomentado el interés en ella, abriéndola a la curiosidad de los demás. También sería el caso de los que han hecho de la exposición pública su modo de vida, como los llamados "famosos" de la prensa del corazón, a los que haremos referencia más abajo.

En el caso de estas personas –siempre que la información revelada sea cierta o pública por obrar ya divulgada–, su derecho al honor disminuye, su derecho a la intimidad se diluye y su derecho a la propia imagen se excluye, según han dispuesto nuestros tribunales, de forma que una parte de sus asuntos privados han pasado a ser también de interés público, debiendo soportar la carga que eso puede suponer.

Esto no significa que estas personas hayan perdido su derecho a la intimidad y que todos los extremos de su existencia puedan ser conocidos, sino sólo aquellos que han quedado expuestos a exhibición pública, de forma que hay que respetar ciertos límites que no se deben sobrepasar. Por consiguiente, no podrían descubrirse, aunque sean ciertos, datos familiares, médicos, biológicos, psicológicos, etc.

De esta forma, cuando se esté aplicando el derecho a la información, es necesario que los datos que se revelen sean necesarios para los fines de la noticia. Así lo han determinado también los tribunales, que en una sentencia referente a la noticia de un accidente aéreo en la que se comentó la infidelidad del piloto del avión, se estableció que el motivo de interés del público que se debía proteger eran las circunstancias del accidente, pero no las personales del piloto que son privadas, suponiendo un sacrificio innecesario del derecho a la Intimidad respecto al objeto de la noticia.

Asimismo, no se debe elevar un simple fenómeno de curiosidad a la categoría de interés social, de forma que hay que distinguir la verdadera información del fisgoneo morboso que pueda demandar un determinado público, por lo que el hecho de tratarse de una persona con cierta notoriedad y estar en lugar público no amerita la privación de su derecho a la intimidad por tan discutibles fines.

En este sentido, es famosa la sentencia sobre la comercialización del vídeo de la muerte del torero "Paquirri" en la tristemente famosa plaza de toros de Pozoblanco, donde se dictaminó que las escenas vividas dentro de la enfermería derivadas de las heridas recibidas (y, por tanto, habiendo abandonado ya el coso), son incidencias sobre su salud y vida y, en consecuencia, no forman parte del espectáculo taurino ni, por tanto, del ejercicio de su profesión de torero, sin que puedan considerarse públicos y parte del espectáculo, pues ello supondría convertir en instrumentos de diversión y entretenimiento algo tan personal como los padecimientos y la misma muerte de un individuo.

En 2016 el Tribunal Supremo ratificó este criterio con motivo de la difusión y comentario del contenido íntimo de los correos electrónicos de Iñaki Urdangarín en los que se hacía referencia a supuestas infidelidades matrimoniales, filtrados durante el proceso del llamado "caso Noos"; donde se ratificó la condena simbólica de un euro (así fue solicitado por el demandante) impuesta a su ex socio Diego Torres y a la productora CUARZO, responsable de "El programa de Ana Rosa" y a Mediaset como propietaria de Telecinco, la cadena emisora del programa, así como a la editora de la revista "Vanitatis"; absolviéndose a los medios que se habrían limitado a dar la noticia (los editores del diario "El Mundo" y de la revista "Semana").

En contra de lo que pretendían los condenados, no se considera aplicable la teoría de reportaje neutral a la que hicimos referencia más arriba, toda vez que la misma sólo resulta de aplicación cuando los medios de comunicación se limitan a reproducir o divulgar lo dicho por un tercero, lo que no se considera cumplido en este caso, ya que no se limitaron a dar la noticia de la existencia de unos correos electrónicos íntimos, sino que se habrían cebado con el morbo de reproducir parte del contenido de los mismos y reiterar la supuesta infidelidad conyugal.

De esta forma, se estableció que ni el derecho de información ni la libertad de expresión amparan la invasión de la intimidad de una persona pues ser acusado no supone carta de naturaleza para una dilapidación. Y ello por entender que la filtración de sus supuestos escarceos amorosos, únicamente pretende alimentar una curiosidad o cotilleo morboso, que nada aporta al derecho de información que constitucionalmente se protege, pues contar que una persona mantiene determinadas relaciones sentimentales o afectivas con otra, no ayuda en nada a garantizar el pluralismo político o la formación de una opinión pública libre.

7.2. PRENSA ROSA

Muchos de los personajes que aparecen en los programas del corazón y en el papel cuché son un caso particular dentro de los personajes públicos analizados en el punto anterior, ya que, por lo general, su notoriedad les viene conferida, no por razón de su oficio, sino, precisamente, por mercadear en mayor o menor medida con su vida privada.

Esta particular situación explica que estas personas no pueden imponer el silencio a quienes únicamente divulgan, comentan o critican lo que ellos mismos han revelado, sin perjuicio de que ello no justifique el empleo de expresiones formalmente injuriosas o innecesarias, ni la revelación de otros datos no divulgados con antelación por el tercero o que no posean una evidente y directa conexión con aquello que fue revelado.

Así, en 1991 el Tribunal Constitucional, en el llamado "asunto Sara Montiel" estableció que la legitimidad de las intromisiones informativas en el honor y en la intimidad personal requiere no sólo que la información sea veraz, sino que exista interés general, de forma que el valor preferente del derecho a la información no significa dejar vacíos de contenido los derechos fundamentales al honor o a la intimidad de las personas afectadas, ya que ni siquiera los personajes públicos han de ver sacrificado ilimitadamente su derecho a la intimidad.

En definitiva, sólo se debería aparecer en la prensa rosa si lo permite el interesado (lamentablemente, no siempre es así) y sólo podría hablarse de aquello que haya sido revelado previamente, ya sea de forma gratuita u onerosa (las famosas "exclusivas").

Lo cierto es que el llamado "famoseo" genera un importante número de polémicas y, por ende, de procedimientos judiciales que, en ocasiones pueden llegar a obligar a poner fin a un programa, como, según se decía en los mentideros, habría sido el caso de "Aquí hay tomate" (Telecinco), que, tras cinco exitosos años en antena, se canceló repentinamente siendo líder en su franja horaria, supuestamente, ante la acumulación de reclamaciones.

Esto hace patente lo importante que resulta tener presente la eventual litigiosidad que pueda generar el programa que se vaya a hacer, así como tener una idea de las consecuencias que ello puede conllevar. Así, salvo que los hechos pudieran ser constitutivos de delito y se justificara la intervención de los tribunales penales, en el caso de que alguien se sintiera agraviado, iniciará un procedimiento civil ante los juzgados de primera instancia, cuya duración es difícil de concretar con precisión, pues depende de factores como el lugar, juzgado, etc., pero que suele ser de un año, aproximadamente.

Estos procedimientos tienen una peculiaridad frente a los demás, consistente en que las condenas a indemnizaciones de las sentencias que declaren la vulneración de los derechos al honor, intimidad y propia imagen no pueden ser ejecutados provisionalmente, por lo que el que haya reclamado debe esperar a cobrar la cantidad a que la sentencia sea firme por haberse agotado todos los recursos contra ella, esto es, recurso de apelación e, incluso, recurso de casación ante el Tribunal Supremo; lo que puede traducirse en bastantes años.

Y es que, sin ánimo de extenderme en complicadas cuestiones procesales que pudieran minar el interés del lector en esta obra, creo que es oportuno traer a colación una extraña situación que se produce en este tipo de procedimientos y que, en ocasiones, puede resultar chocante.

La generalidad de los procedimientos tramitados en España por vía civil tienen derecho a lo que se llama la doble instancia (esto es, a que se dicte una sentencia en primera instancia y que se dicte otra que resuelva el recurso de apelación que se formule contra ella). Excepcionalmente, podrá interponerse recurso de casación contra la sentencia de apelación si la cuantía del proceso excede de seiscientos mil euros o si la resolución del recurso presenta interés casacional (cuando la sentencia recurrida se oponga a doctrina del Tribunal Supremo o resuelva cuestiones sobre los que exista jurisprudencia contradictoria de las Audiencias Provinciales o aplique normas que no lleven más de cinco años en vigor, siempre que, en este último caso, no existiese doctrina del Tribunal Supremo relativa a normas anteriores de igual o similar contenido).

Pues bien, existe una tercera vía para acceder al recurso de casación ante el Tribunal Supremo, que es cuando esté en juego la vulneración de derechos fundamentales (excepto los que reconoce el artículo 24 de la Constitución, referente a la tutela judicial efectiva). De esta forma, dado que los derechos al honor, intimidad personal y familiar y propia imagen son derechos protegidos por el artículo 18 de la Carta Magna y, por tanto, derechos fundamentales, ello posibilita que los procedimientos que versen sobre estas materias tengan acceso directo al recurso de casación ante el Tribunal Supremo, con independencia de la cuantía del procedimiento.

En suma, esto quiere decir que una demanda contra un programa de televisión por una cuestión relativa a la "prensa rosa" tendría acceso directo a la vía casacional ante el Tribunal Supremo, mientras que otros asuntos considerados "serios" (por ejemplo, la reclamación de una deuda) no tendrían esta posibilidad por ser de cuantía inferior a seiscientos mil euros.

Aunque no parece que esta fuera la intención de los Padres Constituyentes, que, probablemente estarían pensando en proteger unos derechos que habían sido obviados durante el régimen político anterior, más que en dar excesivo pábulo a estas cuestiones, lo cierto es que es importante no perder esto de vista a la hora de valorar como afrontar una reclamación judicial.

7.3. Menores

Todo lo que estamos comentando es aplicable a los adultos, esto es, a los mayores de dieciocho años, según establece la Constitución. Pero, ¿se aplica el mismo régimen a los menores de edad? Esto es importante, ya que no son pocos los púberes que, por iniciativa propia o de sus progenitores, se prodigan por los medios para conseguir la ansiada fama.

Pues bien, el tratamiento informativo del menor de edad ha sido regulado por la Fiscalía en el sentido de que debe prevalecer el principio general de protección reforzada de los derechos a la Intimidad y a la propia Imagen de los menores. Ello implica que la difusión de la imagen de un menor en un medio de comunicación exige contar con el consentimiento del menor maduro o de sus representantes legales. Sin perjuicio de ello, aun contando con dichos consentimientos, si la difusión de la identidad o de la imagen del menor puede considerarse contraria a sus intereses, también podría producirse una intromisión ilegítima.

A pesar de estas previsiones, son muchos los famosos que publicitan a sus vástagos desde temprana edad. Por ejemplo, los hijos de la cantante Shakira y el futbolista Gerard Piqué fueron presentados al público prácticamente desde su nacimiento. La interpretación que se está haciendo en casos como estos es que se cuenta con el consentimiento paterno y que el hecho de que los menores adquieran notoriedad gracias a sus famosos padres es algo positivo que les podría resultar de utilidad en su futuro.

La justificación de esta interpretación trata de apoyarse en situaciones de exhibición de menores "institucionalizadas", como ocurre, por ejemplo con los miembros de la Familia Real. Sin perjuicio de ello, resultaría discutible que este análisis sea el adecuado, toda vez que la normativa de la propia Fiscalía hace referencia expresa a que los menores hijos de personajes famosos son, sin más, menores y, por tanto, tienen derecho al mismo grado de protección que cualquier otro menor frente a la curiosidad ajena.

Sea como sea, si la difusión de la imagen del menor se vincula a lugares, personas o actos con connotaciones negativas, habrá que utilizar técnicas de pixelado de la imagen y distorsión de la voz, para evitar que pueda ser identificado. Sería, por ejemplo, el caso de un reportaje de investigación en el que, con el consentimiento de los padres, un menor hiciera declaraciones sobre su participación en actividades ilegales o delictivas, pues ello podría suponer una mácula para el resto de su vida.

7.4. Personas fallecidas

Otra cuestión peliaguda es si las personas perdemos nuestros derechos personalísimos con la muerte. La respuesta es claramente que no, eso sí, con un límite temporal: ochenta años. Transcurrido este plazo legal, no se podría ejercitar ninguna acción por este motivo, con lo que se podría comentar libremente sobre la vida del difunto. El fundamento de este plazo es proteger a los familiares de situaciones incomodas durante este periodo, ya que, guste o no, antes o después las virtudes y miserias de toda persona relevante será juzgada por la Historia.

Pero hay ocasiones en los que no se tiene paciencia a que transcurra dicho plazo, como fue el caso de la locutora radiofónica Encarna Sánchez, cuya vida privada y orientación sexual fue objeto de numerosos reportajes y debates en los medios de comunicación inmediatamente después de su fallecimiento.

Ante la imposibilidad de que la persona muerta defienda sus derechos, la ley prevé que el ejercicio de estas acciones corresponde a quien ésta haya designado a tal efecto en su testamento (incluida una persona jurídica). En el caso de que no exista esta designación o que también haya fallecido la persona designada, estarán legitimados (cualquiera de ellos) el cónyuge, los descendientes, ascendientes y hermanos de la persona afectada que viviesen al tiempo de su fallecimiento. A falta de todos ellos, deberá hacerlo el Ministerio Fiscal, de oficio o a instancia de persona interesada. Las mismas personas podrán continuar las acciones ya iniciadas por el afectado antes de su fallecimiento.

En el supuesto de que el condenado por un delito en sentencia penal firme, utilice esta circunstancia para conseguir notoriedad pública u obtener provecho económico, o la divulgación de datos falsos sobre los hechos delictivos, cuando ello suponga el menoscabo de la dignidad de las víctimas (por ejemplo, un terrorista dando detalles de su actividad), estará legitimado para ejercer las acciones el ofendido o perjudicado por el delito cometido (los familiares de la víctima).

Dicho todo esto, no siempre es posible que se inicien procedimientos para proteger las derechos del difunto, pues si la lesión a sus derechos ya se estaba produciendo en vida de este sin que hubiera iniciado acciones por este motivo, se entiende que existiría consentimiento a ello, por lo que los legitimados habrán de ser coherentes con la actitud de la persona muerta antes del óbito.

Sin perjuicio de que muchas de las demandas que se interponen suelen invocar la violación de los tres derechos (honor, intimidad y propia imagen) y es perfectamente posible que se hayan vulnerado los tres, lo cierto es que en los llamados programas del corazón es más habitual que se vulnere el derecho a la intimidad, aunque, en ocasiones, se puede atentar contra el derecho al honor cuando se imputen hechos a una persona que no se ajusten a la realidad.

Este fue el caso, por ejemplo de lo manifestado en el programa "Aquí hay tomate" (Telecinco) respecto sobre la supuesta utilización de técnicas poco ortodoxas por el añorado Félix Rodríguez de la Fuente en la realización de sus programas, donde los tribunales consideraron que se había vulnerado su derecho al honor. Dado que el afectado falleció muchos años antes de que se produjera la vulneración de su derecho al honor, obviamente, no pudo acudir personalmente a los tribunales, por lo que la demanda tuvo que ser interpuesta por sus herederas, para lo que estaban legitimadas por preverlo así la ley para estos casos.

7.5. Documentales

Canales como La 2 de TVE, Discovery Channel, DMax, Canal Historia, National Geographic Channel, Mega, Caza y Pesca, Divinity, Energy o la desaparecida Explora, basan en gran medida su programación en la emisión de documentales de todo tipo. Aunque muchos de estos programas son de producción extranjera (en especial los de la BBC y National Geographic o, antaño, los del intrépido Capitán Cousteau), cada vez son más las productoras que se animan a realizar este tipo de producto, que cuenta con muchos adeptos que buscan en la televisión algo más que el mero entretenimiento. Son parte de la historia de nuestra televisión programas como "Documentos tv" (TVE), con tres décadas en antena, y los documentales de "El hombre y la tierra" de Félix Rodríguez de la Fuente y "Aventura 92" y "Ruta Quetzal" de Miguel de la Cuadra Salcedo.

También es frecuente que se emitan documentales en las cadenas temáticas, como es el caso de las que se centran en contenidos deportivos como Gol TV, Bein sports, Real Madrid TV, Barça TV, Eurosports o Teledeporte con su "Conexión vintage", que recrea momentos históricos del deporte español usando documentos e imágenes del archivo de TVE.

Pues bien, para realizar este tipo de producciones, es necesario un proceso de documentación previa para asegurar la veracidad de los hechos con lo que se cumpliría el requisito de no vulnerar el derecho al honor. Tampoco puede hacerse uso de imágenes sobre los que no se tenga permiso, según hablaremos más abajo. Pero esto no es suficiente, pues no pueden revelarse datos que vulneren intimidad, salvo que revistan un interés histórico, científico o cultural relevante y siempre que sea necesario para la exposición histórica.

Sin embargo, los tribunales no han concretado suficientemente el alcance de esos fines, por lo que no siempre es fácil determinar qué tipo de eventos pueden tener suficiente relevancia para encontrarse incluidos en esta excepción. Por ejemplo, existe jurisprudencia que establece que el deporte del fútbol se ha convertido en una realidad incluible en el contenido del derecho fundamental a la información del artículo 20 de la Constitución Española. En cuanto a los fines científicos, se condiciona la utilización de imágenes de personas en un reportaje a que las mismas tengan un interés relevante en sí mismas, y tengan relación directa con el reportaje, esto es, que la intromisión sea necesaria para el fin que se pretende y proporcional a ese fin.

Y, como decimos, no hay un criterio claro para discernir cuando se cumple este requisito y cuando no. Por ejemplo, en el caso de "Paquirri" al que antes aludimos, podría considerarse que las imágenes de su fatídico desenlace revisten interés histórico, debido a que se trata del fallecimiento de un notable torero; pero también se puede interpretar, como finalmente se hizo, que pertenece a su privacidad y que el duelo de su familia es un valor superior.

En todo caso, con el ánimo de marcar una pauta a seguir en estos casos (sin que ello implique la infalibilidad del argumento), por su propia naturaleza, una programa que pretenda tener este carácter histórico, científico o cultural deberá contar con un argumento y trama construidos siguiendo técnicas de investigación histórica y periodística y donde se hubiera respetado la veracidad de la información y se hubiera limitado a ofrecer imágenes con auténtico interés público. Así, podría utilizarse la imagen de un pintor cuando se está hablando de él en un programa de arte, pero no aparecería justificado usar una imagen suya en una situación indecorosa sin su consentimiento.

8.
No violar el derecho a la propia imagen

El tercero y último (aunque no por ello menos importante) de los tres derechos personalísimos regulados en el artículo 18 de la Constitución es el derecho a la propia imagen, que se define como la representación gráfica de la figura humana mediante un procedimiento mecánico o técnico de reproducción (fotografía, filme o cualquier otro procedimiento), que incluye su representación física, el nombre (e, incluso el "alias") y la voz, de forma que la persona pueda ser reconocible.

Este derecho tiene una doble vertiente: por una parte, en su sentido positivo (contenido patrimonial), que es el derecho a obtener, reproducir y publicar la propia imagen para fines comerciales; y en sentido negativo (protección de la privacidad), es el derecho a excluir la mera obtención o la reproducción y publicación de la propia imagen por un tercero que carece del consentimiento de su titular.

Al igual que en el caso del derecho a la intimidad, el derecho a la propia imagen tampoco se le reconoce a las personas jurídicas, que habrán de proteger sus símbolos a través del registro de marcas gráficas o mixtas.

Tampoco gozan del derecho a la propia imagen los animales. Sin perjuicio de ello, en el caso de que llegara a reconocerse el status de "persona no humana" a los grandes simios, habría que plantearse si podrían ser beneficiarios de estos derechos pues la normativa hace expresa referencia a las "personas". Y es que en Estados Unidos y otros países americanos se han iniciado procedimientos en los que se reclama que los grandes simios sean considerados "personas no humanas", de forma que sean sujetos titulares de derechos fundamentales, como, por ejemplo, el de la libertad. Así, una sentencia argentina declaró que el cautiverio y exhibición de la orangután Sandra viola sus derechos, aunque se le alimente y no sea tratada con crueldad; y en Nueva York se presentó un habeas corpus para lograr la libertad del chimpancé Tommy.

8.1. Sitios y personas públicas

Existen algunos supuestos específicos en los que la ley establece que la utilización de la imagen es lícita, como cuando, para realizar información gráfica de un suceso de interés público, la imagen de una persona aparezca como meramente accesoria al evento que se pretende retratar. Por ejemplo, este sería el supuesto de las personas anónimas que aparecen en las imágenes tomadas en la calle con ocasión de una noticia.

Igualmente, la captación de la imagen también sería lícita cuando se haga durante un acto público o en lugares abiertos al público. Sin perjuicio de ello, hay que puntualizar que, a pesar de que una imagen se capte en un lugar abierto al público, puede considerarse dicho lugar como dentro del círculo íntimo de la persona, pues el interés público que exige la libertad de información no puede consistir en un mero interés crematístico.

En esta línea se pronunció el Tribunal Supremo en 2012 en la demanda interpuesta por Elsa Pataky contra "Interviú", "Cuore" y "El periódico de Cataluña" por la publicación de unas fotos tomadas sin su consentimiento en 2007 en las que la actriz aparecía desnuda en la playa de un resort exclusivo en la Riviera Maya mientras se cambiaba de ropa durante la grabación de un reportaje para la revista "Elle".

Pues bien, el Tribunal Supremo confirmó la condena a las publicaciones debido a que la cuestión relativa al carácter público o privado de la playa no es la cuestión esencial, ya que aunque la playa fuera pública y de uso no restringido, lo determinante son las circunstancias del caso concreto, donde se constató que las imágenes se captaron en un momento alejado de las vacaciones (marzo) y en un lugar apartado que fue buscado a propósito para la realización de una sesión fotográfica de un reportaje pactado, cuya publicidad quería evitarse.

Asimismo, también se considera lícita la captación, reproducción o publicación por cualquier medio de la imagen de personas que ejerzan un cargo público (autoridades, políticos, etc.) o profesión de notoriedad o proyección pública (deportistas, cantantes, actores, etc.), lo que incluye la realización de caricaturas de dichas. Piénsese que, si esto no fuera así, no sería posible incorporar imágenes a los informativos, periódicos y revistas para ilustrar las noticias.

Cosa distinta sería explotar la imagen de estas personas públicas para conseguir un rendimiento económico con fines publicitarios o comerciales. Así, lo estableció el Tribunal Supremo en 1988, que consideró ilícita la comercialización de cromos de jugadores de fútbol con imágenes suyas captadas en un campo de fútbol sin su consentimiento.

Pero tampoco hay que confundir este proscrito interés publicitario o comercial con que la cadena de televisión (y, en su caso, la productora que lo realice) obtenga un beneficio económico por la emisión del noticiario o programa de corte informativo, ya que la jurisprudencia ha establecido que el derecho de información no tiene por qué ser tenido en menor consideración por el hecho de que sea ejercido por una cadena privada, con interés de lucro, y con un tratamiento de fondo que, aprovechando la labor informativa, persiga obtener mayor audiencia y, consecuentemente, mayor beneficio económico. Y es que lo contrario conduciría a la desaparición de dicha actividad por no ser rentable, con el consiguiente daño producido al conjunto de los ciudadanos al privarles de informaciones y opiniones.

Dicho todo lo anterior, en todo caso, esta sobreexposición de las personas públicas vendrá delimitada conforme a los usos sociales y atendiendo al ámbito que por sus propios actos, mantenga cada persona reservado para sí misma o su familia (el famoso "yo sólo hablo de mi trabajo" invocado por muchos personajes públicos).

8.2. Desnudos robados

Como reacción a la férrea prohibición existente en el régimen anterior, en la época de la transición, el desnudo se convirtió en tónica habitual en las producciones audiovisuales, muchas veces apareciendo de forma más o menos forzada "por exigencias del guion" para cumplir la exigencia de la Orden Ministerial de 19 de febrero de 1975, hasta la llegada del Real Decreto de 11 de noviembre de 1977, que eliminó definitivamente la censura previa en el medio.

Sin perjuicio de ello, hasta 1984 se mantuvo el código de regulación de contenidos por rombos implantado en 1963, que tenía dos niveles: un rombo (programa no apto para menores de 14 años) y dos rombos (programa no apto para menores de 18 años), y que fue sustituido por el sistema de clasificación por edades que evolucionó hasta el que tenemos en la actualidad "no recomendado para menores de ... años".

Fueron muchos los personajes famosos que se sumaron a esta moda y pocos se resistieron a quitarse la ropa en las llamadas películas del "destape" y a posar para la revista "Interviú" como Dios les trajo al mundo a cambio de suculentas ofertas económicas. Esta situación tuvo un efecto secundario que fue la devaluación de la intimidad de los famosos, que empezaron a comprobar cómo eran perseguidos por los paparazzis en cualquier circunstancia para conseguir imágenes que vender al mejor postor, lo que dio lugar a numerosos procesos judiciales,

Pasados los años, las cosas van recobrando su equilibrio natural y, sin caer en viejos prejuicios, se ha perdido esta obsesión por el desnudo y se ha creado una conciencia sobre la necesidad de respetar la privacidad de los personajes famosos, lo que incluye la no difusión de imágenes de sus destapados cuerpos, salvo que medie su consentimiento. A pesar de ello, hay ocasiones en los que se les sorprende en situaciones que no desean que se hagan públicas, normalmente con poca ropa. El ejemplo prototípico es el de los topless veraniegos en nuestras playas de famosas, patrias y forasteras, que son aprovechados por algunas publicaciones para sacar en portada sus desnudos atributos sin el consentimiento de la interesada.

En principio, la doctrina tradicional de los tribunales es que el personaje público que en lugar público se expone a mirada ajena asume que su imagen pueda ser captada y difundida sin su consentimiento. Por tanto, el personaje "pillado" debería soportar las consecuencias de haber corrido el riesgo de que le tomaran imágenes en un lugar público.

Sin embargo, esta doctrina se ha matizado por el Tribunal Supremo en el caso de Elsa Pataky que hemos comentado en el apartado anterior; habiéndose pronunciado también el Tribunal Constitucional en 2014 en este sentido a raíz de la publicación en la revista "Interviú" de unas fotografías de la actriz Melani Olivares en una playa de Ibiza en las que se veía su torso desnudo, estableciendo que, aunque sea una persona de proyección pública en un lugar abierto al público, existe intromisión ilegítima en su derecho a la propia imagen porque dicho reportaje carece de interés general, toda vez que las fotografías publicadas por la revista se mueven en el terreno del mero entretenimiento y de la satisfacción de la curiosidad intrascendente de cierto público, de forma que la contribución del reportaje publicado a un debate de interés general o a la formación de la opinión pública es nula.

Según indica la propia sentencia, el Tribunal Constitucional se ha apoyado, para adoptar este criterio, en la jurisprudencia del Tribunal Europeo de Derechos Humanos, que ha declarado que el público carece de interés legítimo en saber dónde se encuentra una persona y cómo se comporta generalmente en su vida privada, incluso si aparece en lugares que no siempre pueden calificarse de aislados, y ello pese a su notoriedad.

8.3. Consentimiento y revocación

Como todos los derechos de la personalidad, el derecho a la propia imagen es inalienable, irrenunciable e imprescriptible. No obstante, según dijimos más arriba, su protección está delimitada por los usos sociales y los propios actos del afectado. En este sentido, no existe intromisión ilegítima cuando el titular del derecho hubiese otorgado su consentimiento expreso para la captación de su imagen, entendido como la autorización o declaración por la que el titular del derecho a la imagen permite la obtención, reproducción o publicación de la misma.

Esto no significa que, en caso de mediar consentimiento, se produzca una cesión total o renuncia al derecho a la imagen, pues únicamente cabe una disposición de un concreto aspecto de la imagen como, por ejemplo, cuando una persona autoriza la publicación y reproducción de sus fotografías o de su retrato, que sólo cede parcialmente alguna de las facultades de su derecho a la imagen, sin que ello constituya una renuncia total al mismo.

El consentimiento puede ser otorgado antes o después de la obtención, reproducción o publicación de la imagen, así como gratuito o a cambio de una contraprestación económica. En principio, este consentimiento debería ser otorgado expresamente, ya que la ley no parece permitir el consentimiento tácito (el que se deduce de los propios actos). Sin embargo, nuestros tribunales han establecido que la actitud de posar permite considerar que la persona fotografiada o retratada ha prestado su consentimiento para ello, de forma que el hecho de que la existencia de un consentimiento avale las actuaciones realizadas, no significa que la ausencia del mismo implique la ilicitud del acto.

También es importante delimitar el alcance del consentimiento, pues puede haberse consentido la obtención, reproducción y publicación de la imagen o bien, únicamente para alguno de estos extremos; y asimismo, dentro de cada uno de ellos habrá que establecer el alcance deseado por el afectado, como por ejemplo, si se ha prestado para una exclusiva o reportaje concreto o si puede entenderse que se extiende a otras publicaciones. Asimismo, pueden establecerse limitaciones temporales (para su publicación en un número de una revista, para la proyección de un anuncio de televisión durante un mes, etc.), en cuyo caso, transcurrido el periodo autorizado, el consentimiento quedaría extinguido.

Lo usual es que este consentimiento se materialice mediante un documento de cesión de derechos de imagen en el que se hace constar que el cedente, a título gratuito o a cambio de una retribución, acepta intervenir y aparecer en la grabación y producción del programa, autorizando expresamente a la productora, sin limitación temporal y espacial, para su explotación en exclusiva y con facultad de cesión a terceros, el tratamiento y cesión de sus datos personales y la cesión de cualesquiera otros derechos, incluidos los de propiedad intelectual e industrial, que pudieran corresponderle como consecuencia de su intervención en el programa, por cualquier medio y bajo cualquier forma, con el fin de permitir su máxima explotación, así como de los trailers, making of, extractos, imágenes, secuencias, extractos, descartes, etc. y cualesquiera materiales promocionales o publicitarios.

Asimismo, es necesario que el documento de cesión de derechos contenga una cláusula en el que, en esencia, se informe al cedente de que los datos personales que haya aportado serán incorporados en un fichero debidamente inscrito bajo su titularidad, donde se recoja que autoriza el tratamiento y cesión de sus datos personales para las finalidades estipuladas y donde se dé por enterado de que para el ejercicio de los derechos de acceso, rectificación, cancelación y oposición (conocidos como "derechos ARCO") deberá remitir una solicitud, acompañada de una fotocopia de su documento de identidad o pasaporte a la dirección de la productora.

En el caso de los menores e incapaces, podrán prestar su consentimiento para la obtención, reproducción o publicación de su imagen, si sus condiciones de madurez lo permiten, de acuerdo con lo previsto legalmente, de forma que tengan capacidad de entender y querer (conciencia y voluntad), sin perjuicio de que, debido a la falta de capacidad de obrar del menor, su representante legal debe ser el que firme el posterior contrato. En el caso de que las condiciones de madurez del menor o incapaz no lo permitan, el consentimiento habrá de otorgarse por escrito por su representante legal con el visto bueno del Ministerio Fiscal que, en el caso de que se opusiera, deberá ser resuelto por el juez competente.

Aunque el consentimiento esté válidamente prestado, puede ser revocado en cualquier momento, pero la ley establece que habrán de indemnizarse los daños y perjuicios causados (daño efectivamente sufrido), incluyendo en ellos las expectativas justificadas (beneficio que esperaba percibir). No obstante, hay jurisprudencia que niega validez a la revocación del consentimiento previamente prestado cuando se realice demasiado tarde, ya sea porque ya están publicadas las fotos o noticia o porque ya estuviera grabado el programa.

Y es que es habitual que estas revocaciones se produzcan en el último momento, privando de margen de maniobra a la productora (que, a su vez, tiene un compromiso de entrega con la cadena), ya que, por el propio contenido del programa, no sería posible suprimir las imágenes del afectado sin menoscabar la esencia del producto, lo cual generaría un perjuicio económico sobre el que usualmente no se hace ofrecimiento de reparar, con lo que muchas de estas revocaciones no llegan a surtir efectos por la negativa a asumir la indemnización que establece la ley.

8.4. Interés público

Como excepción a la norma general del carácter estrictamente privado y personalísimo del derecho a la propia imagen, que implica que sólo su titular puede disponer de él, tanto en sentido positivo (para autorizar su difusión) o negativo (para prohibir que se haga), existen algunos supuestos en que, por razones de orden público, se establece legalmente que la utilización de la imagen de un tercero no supondría una vulneración de este derecho.

De esta forma, con carácter general, no tienen la consideración de intromisiones ilegítimas las actuaciones autorizadas o acordadas por una autoridad competente de acuerdo con la ley, tales como jueces, policía o cualquier otra institución que cuente con amparo legal para ello, como, por ejemplo, la difusión de fotografías de delincuentes personas desaparecidas para ayudar a su localización.

Uno de los interrogantes que se plantea es si deben reservarse determinadas informaciones en aras de la seguridad ciudadana. Pues bien, dado que la seguridad pública no constituye un derecho fundamental como lo es el de información establecido en el artículo 20 de la Constitución, ésta prima sobre aquella, tal y como ha confirmado el Tribunal Constitucional, sin perjuicio de que existan algunas excepciones, como el secreto sumarial que, aunque debe ser escrupulosamente respetado, debe interpretarse restrictivamente. En aplicación de lo anterior, se considera legítima la difusión de la imagen de un delincuente en búsqueda y captura.

No obstante, es notorio que existen pactos de limitación no escritos entre los medios de comunicación y los gobiernos sobre determinadas materias y en determinadas circunstancias, como, por ejemplo, para no dar publicidad a un criminal que deliberadamente la busca para satisfacer su vanidad delictiva o proteger las imágenes de las víctimas de un atentado, etc.

Estos pactos, que pueden resultar plausibles cuando persigan evitar males mayores para las personas afectadas y sus familiares o para el bien social, no deberían ser utilizados para ocultar las vergüenzas de los gobernantes y otras autoridades a cambio de contraprestaciones para los periodistas (por más que esta se limite al suministro de información), pues ello menoscabaría la credibilidad de la prensa y pervertiría el sacrosanto derecho a la información de los ciudadanos.

8.5. TV MOVIES Y BIOPICS

Las miniseries o tv movies, son obras audiovisuales de ficción basadas en hechos reales en las que se utilizan nombres y datos existentes que normalmente se producen para ser emitidas por televisión, aunque en algunas ocasiones también se exhiben en salas de cine. Este formato nace en la década de los sesenta en Estados Unidos, llegando a España en los años noventa, donde se hicieron muy populares en la primera década de este siglo.

Además de ser un producto con buena acogida por los telespectadores, es un producto del gusto de las cadenas, pues contribuye al cumplimiento de la obligación que les viene impuesta legalmente a los operadores de televisión de reservar el 51 % de su tiempo de emisión anual a la difusión de obras audiovisuales europeas y que, para el cumplimiento de esta obligación, deberán destinar como mínimo, cada año, el 5 % de la cifra total de ingresos devengados durante el ejercicio anterior, conforme a su cuenta de explotación, a la financiación de largometrajes cinematográficos y películas para televisión europeas.

Se suelen dividir en dos clases. Por un lado tendríamos las tv movies en sentido estricto, que son las que recrean en clave de ficción una noticia de actualidad o un acontecimiento real, utilizando nombres, experiencias y datos reales, pero sin centrarse en la vida concreta de una o varias personas. Sería el caso de "El Bloke: Coslada Cero" (TVE), "Ojo por ojo" (TVE), "Operación Malaya" (TVE), "23-F: el día más difícil del Rey" (TVE), "23-F, historia de una traición" (Antena 3), "Una bala para el Rey" (Antena 3), "20-N" (Antena 3), "48 horas" (Antena 3), "Padre Coraje" (Antena 3), "La ira" (Telecinco), "Carta Mortal" (Antena 3), "Yo soy el solitario" (Antena 3), "El caso Wanninkhof" (TVE), "Días sin Luz" (TVE), "Fago" (TVE), "El crimen de los Marqueses de Urquijo" (TVE), "Vuelo IL 8714" (Telecinco), "Alakrana" (Telecinco), "Tres días de abril" (TVE), "El asesinato de Carrero Blanco" (TVE), "El ángel de Budapest" (TVE), "Operación Jaque" (TVE), "11-M. Los hechos probados" (Telecinco), etc.

Y por otro lado estarían las llamadas bio pictures (biopics de forma abreviada), que, basadas en la vida y vivencias personales de un personaje famoso, se recrea parte o la totalidad de su trayectoria profesional y personal. Por ejemplo, "Lucrecia" (Antena 3), "Paquirri" (Telecinco), "Marisol" (Antena 3), "Lola, la película" (Antena 3), "Felipe y Leticia, una historia real" (Telecinco), "Sofía" (Antena 3), "La Duquesa" (Telecinco), "Adolfo Suárez, el Presidente" (Antena 3), "Raphael" (Antena 3), "Alfonso, el Príncipe maldito" (Telecinco), "Clara Campoamor, la mujer olvidada" (TVE), "Tarancón, el quinto mandamiento" (TVE), "Hoy quiero confesar" (Antena 3), "La Baronesa" (Telecinco), "Rocío Dúrcal, volver a verte" (Telecinco), "Carmina" (Telecinco), "Mi gitana" (Telecinco), etc.

Cuando se ha intentado cuestionar la legalidad de las tv movies por la vía de la vulneración de los derechos al honor, nuestros tribunales han entendido que se pretende es hacer llegar a los espectadores su versión e interpretación de unos hechos reales y recientes, utilizando la forma dramática y sus consecuentes licencias creativas para hacer más accesible y amena la información, por lo que la ponderación entre el derecho al honor del artículo 18 de la Constitución y el derecho a la información del artículo 20 de la Carta Magna, favorece a este último en atención al derecho de los ciudadanos a ser informados.

De forma similar, las tv movies tampoco vulnerarían el derecho a la intimidad personal y familiar en el caso de personas que, por su profesión o exposición mediática (políticos, artistas, deportistas, famosos, etc.), se han convertido en públicas, por lo que deben soportar un nivel de tolerancia mayor, sin que ello implique que hayan perdido su derecho a la intimidad, pero se encuentra más limitado que el de los ciudadanos anónimos.

De hecho, coincidiendo con el auge de las biopics en las parrillas de programación de las cadenas a finales de la década pasada, se emitía el programa "Hormigas blancas" (Telecinco), que estuvo varios años en antena, y que rememoraba el pasado de personajes públicos (en su mayoría de la prensa del corazón), con un reportaje en el que se rescataban de la hemeroteca artículos de revistas del corazón, periódicos, etc. y vídeos de actuaciones, apariciones televisivas, etc., tras lo cual se hacía un debate sobre el personaje. Aunque no era del agrado de muchos de ellos que se rescatara este material, se trataba de información pública, proporcionada por ellos mismos en la mayoría de los casos (incluso por exclusivas), con lo que se antojaba difícil combatirlo.

Pues bien, este mismo argumento se utilizó para excluir que las biopcis vulneraran el derecho a la intimidad, dado que su guion se había realizado tras un trabajo de documentación similar al realizado para "Hormigas blancas", con lo que se trataría de información veraz, pública por propia voluntad del afectado y con un presumible interés informativo que habría aceptado el personaje al permitir que fuera publicada por medios de comunicación.

Sin embargo, la cuestión no estaría tan clara en el supuesto del derecho a la propia imagen, pues tendrá la consideración de intromisión ilegítima la utilización del nombre, la voz o de la imagen de una persona para fines publicitarios, comerciales o de naturaleza análoga, por lo que el contenido patrimonial de este derecho se vería vulnerado si se hiciera un uso no consentido de los conceptos que lo integran.

Para justificar la realización de las tv movies se suele defender que no se estaría haciendo uso de la imagen de la persona afectada, ya que no aparece ni la cara ni la voz del personaje (la cara que se ve y la voz que se escuchan son del actor que lo interpreta). Siendo esto cierto, también lo es que sí se estaría utilizando unos de los elementos que componen la propia imagen como es el nombre, con lo que se estaría haciendo un uso incontenido de ella. Esto plantea un serio problema, porque, como es lógico, una tv movie con los nombres modificados perdería todo su sentido.

Intentando solventar esta cuestión, habría que acudir a la naturaleza de las tv movies, toda vez que, si se consideran una mera obra audiovisual de ficción tendrían limitado el uso de la imagen de las personas reales que en ellas aparezcan y que no hayan prestado su consentimiento (lo que incluye su fisionomía, voz y nombre); pero, si se entiende que son un vehículo con finalidad informativa, podría ser lícito el uso de la imagen de estas personas para ilustrar adecuadamente la información que se quiere transmitir, con lo que gozarían de la protección del derecho a la información consagrado por el artículo 20 de la Constitución, siempre que cumplan los requisitos establecidos por la jurisprudencia sobre veracidad, interés general, y fin informativo.

8.6. Legitimación para reclamar

En el caso de que se produzca un uso no autorizado de la imagen, el afectado estará legitimado para ejercitar las acciones correspondientes ante los tribunales para que cese la intromisión en su derecho y se le indemnice con lo que proceda. Pero, ¿qué pasa si la persona ha fallecido?

Según comentamos más arriba, la ley establece que el ejercicio o continuación de estas acciones por vulneración de los derechos personalísimos (honor, intimidad y propia imagen) correspondería a la persona física o jurídica que se haya designado testamentariamente; en su defecto el cónyuge, los descendientes, ascendientes y hermanos de la persona afectada que viviesen al tiempo de su fallecimiento; y, en su defecto, el Ministerio Fiscal, de oficio o a instancia de persona interesada.

Pero en el caso particular de la propia imagen, hay que tener en cuenta la jurisprudencia que dictaminó el Tribunal Constitucional en 1988 con ocasión del caso "Paquirri" sobre que una vez fallecido el titular de este bien de la personalidad (el derecho a la propia imagen), no existe ya un ámbito vital que proteger en cuanto que verdadero objeto del derecho fundamental aun cuando pudieran pervivir sus efectos patrimoniales, de forma que con la muerte o fallecimiento de la persona desaparece el objeto de protección, razón por la que, aunque se estimó la vulneración del derecho a la intimidad, se denegó la del derecho a la propia imagen.

También se ha planteado si una asociación está legitimada para invocar la protección del derecho a la propia imagen de uno de sus asociados (concretamente, la imagen del líder de una congregación pseudoreligiosa constituida con la forma de asociación). En este caso la respuesta se antoja más sencilla, ya que el derecho a la propia imagen, según viene configurado en el artículo 18 de la Constitución Española, es un derecho personalísimo, de forma que solamente lo ostentan las personas físicas, por lo que la asociación no está legitimada para efectuar una reclamación al respecto.

Finalmente, en 2016 el Tribunal Supremo ha establecido que la Fundación Gala-Salvador Dalí carece de legitimación para proteger el derecho de imagen del pintor por dos motivos: en primer lugar por la falta de designación de la fundación para ejercer la acción de tutela según está previsto legalmente, ya que Salvador Dalí nombró en su testamento al Estado español heredero universal, pero no designó a ninguna persona que ostentara la legitimación para su tutela, estableciendo que ni el otorgamiento de la escritura de constitución de la fundación ni el nombramiento de un heredero universal equivalen a la designación específica de quien debe ejercitar la acción que exige la ley; y, en segundo lugar, porque la protección que se pretendía no es la memoria del difunto, sino que se reclaman intereses de carácter estrictamente patrimonial.

9.
¡Cuidado con la cámara oculta!

La cámara oculta hizo su aparición en España con programas y películas de humor como "Objetivo indiscreto" (TVE) emitido en la década de los sesenta y la exitosa "To er mundo é güeno", que dirigió Manuel Summers en 1982. En la misma línea, pero más recientemente, tenemos la prestigiosa "Gala Inocente, Inocente", emitida anualmente desde el día de los Inocentes de 1995, y que ha ido pasando por las cadenas de la FORTA, Antena 3, Telecinco y TVE.

Al margen de este uso, no cabe duda de que la llegada de la cámara oculta revolucionó el periodismo de investigación en España, cuando, a finales del siglo pasado se empezó a utilizar esta técnica en los impactantes reportajes de la productora CANAL MUNDO, que cosecharon gran éxito, aunque no estuvieron exentos de polémica, pues fueron muchas las demandas interpuestas por aquellos sujetos que quedaron en indiscutible evidencia ante su entorno y la opinión pública por la contundencia de las imágenes.

Estos procedimientos suelen iniciarse con una solicitud del afectado al juzgado para que acuerde la suspensión de la emisión del programa, que se suele producir en cuanto ve las promos unos días antes. Debido al escaso margen de tiempo y las dudas que se les plantean a los jueces sobre la ponderación de los valores en juego (derecho a la información y derechos personalísimos de las personas investigadas), han sido muchas las ocasiones en las que nos sorprendió la madrugada preparando las alegaciones en defensa de la emisión, para que llegaran a tiempo para conseguir una decisión judicial favorable, que muchas veces se toma escasas horas antes del momento previsto para la emisión.

Aparte de los espacios servidos con los reportajes de CANAL MUNDO –"7 días, 7 noches" (Antena 3), "A Corazón Abierto" (Telecinco), "Al Descubierto" (Antena 3), "Especial investigación" (Antena 3), "PVP" (Canal 9), "Todo Madrid" (Telemadrid), "Investigación tv" (Telemadrid y Canal 9), entre otros–, ha habido otros programas de investigación que también han hecho uso de la cámara oculta con la finalidad de denunciar situaciones ilegales o injustas, como "El ojo público del ciudadano" (TVE), "Objetivo crítico" (Telemadrid), "Diario de..." (Cuatro), "Equipo de investigación" (La Sexta), "En el punto de mira" (Cuatro), "En tierra hostil" (Antena 3) y más recientemente "Infiltrados" (Cuatro) y "Sin filtros" (Be Mad TV).

9.1. PERIODISMO DE INVESTIGACIÓN

El periodismo de investigación se ha definido como la actividad consistente en informar sobre asuntos de importancia que algunas personas y organizaciones desean mantener en secreto.

Sin duda, el caso más célebre de periodismo de investigación es la trabajo realizado en la década de los setenta por los periodistas Bob Woodward y Carl Bernstein para el periódico "Washington Post", que les hizo ganar el premio "Pulitzer", y que desveló el llamado "escándalo Watergate", que provocó que, por primera vez en doscientos años, se sorprendiera a un presidente estadounidense, Richard Nixon, en una actuación ilegal, consistente en crear una gran red de espionaje político a la oposición.

La gran aportación de este caso al periodismo moderno es que contribuyó a la desmitificación de las figuras políticas, hasta entonces supuestamente intocables, de forma que, desde entonces, han sido miles las ocasiones en los que los periodistas han denunciado situaciones ilegales o injustas, afecten a quien afecten.

Asimismo, a partir de este momento, se mejoró la técnica periodística, siendo habitual –y considerado como de buen profesional–, que se siga un proceso de documentación lo más exhaustivo posible (por ejemplo, mediante la lectura completa de expedientes judiciales), sin que ello suponga renunciar a las fuentes confidenciales (como fue para Woodward y Bernstein "Garganta profunda", seudónimo de William Mark Felt, número dos del FBI en la época y quien les informó sobre la implicación de Nixon en el escándalo), pero contrastando estos testimonios con otras pruebas, lo que le proporciona más solidez a la noticia.

En la actualidad el periodismo de investigación se ha generalizado y, en el caso de España, han sido los periodistas los que han destapado muchos de los casos –alguno de ellos sonados– que posteriormente se han enjuiciado por los tribunales, lo que ha provocado una auténtica convulsión en la ciudadanía, que tiene la sensación de tener acceso a hechos que antes permanecían ocultos.

No se escapa el enorme sacrificio que supone esta actividad, que los periodistas y medios de comunicación que han apostado por ella conocen bien, pues muchas veces el esfuerzo en tiempo, renuncias personales y dinero, ni es rentable ni garantiza los resultados deseados. Y cuando se consigue el objetivo, no es extraño encontrarse con una demanda judicial por parte del personaje que se ha conseguido destapar. Por ello, los periodistas de investigación son una raza especial que merece reconocimiento.

9.2. ¿La cámara oculta es un delito?

Una cuestión que, lógicamente, preocupa al periodista de investigación es si el uso de la cámara oculta le puede acarrear algún problema por la comisión de un delito. El código penal sanciona el delito de descubrimiento de secretos para vulnerar la intimidad de otro, mediante la utilización de artificios técnicos de escucha, transmisión, grabación o reproducción del sonido o de la imagen o de cualquier otra señal de comunicación. Partiendo de esta base, es necesario analizar en qué supuestos no se produciría el supuesto tipificado legalmente.

En primer lugar, para sostener que se está ejercitando el derecho a la información protegido por el artículo 20 de la Constitución Española, es necesario que la materia objeto del reportaje resulte de interés público y tenga una finalidad primordialmente informativa (en palabras del Tribunal Constitucional, una información posee relevancia pública porque sirve al interés general en la información, y lo hace por referirse a un asunto público, es decir, a unos hechos o a un acontecimiento que afecta al conjunto de los ciudadanos); y la información difundida sea veraz en todos sus aspectos (requisito, este último, dificilmete discutible, pues no existe prueba más contundente sobre la veracidad que las propias imágenes).

De esta forma, la grabación debe referirse a hechos relativos a la actividad profesional o comercial del afectado, sin entrar en aspectos de su vida privada íntima y personal, pues el Tribunal Constitucional ha establecido que la conexión de la intimidad con la libertad y dignidad de la persona implica que su esfera de la inviolabilidad frente a injerencias externas (el ámbito personal y familiar) sólo en ocasiones tenga proyección hacia el exterior, por lo que no comprende los hechos referidos a las relaciones sociales y profesionales en que se desarrolla la actividad laboral, que están más allá del ámbito del espacio de intimidad personal y familiar sustraído a intromisiones extrañas por formar parte del ámbito de la vida privada.

Asimismo, las imágenes deben haber sido captadas en lugares donde el investigado desarrolle su actividad. En principio, estaba comúnmente aceptado que este lugar era cualquiera donde el sujeto realizara dicha actividad, con independencia de donde fuera, toda vez que, en ocasiones, la misma se realiza en su domicilio particular por su propia voluntad, pero, como veremos más abajo, este criterio fue modificado por el Tribunal Supremo, precisamente, en la sentencia que invirtió la jurisprudencia sobre el uso de la cámara oculta.

Por último, no pueden interceptarse las comunicaciones del sujeto, de forma que las imágenes hayan sido captadas en conversaciones mantenidas entre aquel y los periodistas, donde se aprecie que manifestó espontánea y voluntariamente lo que quedó reflejado en las grabaciones, ya que con la grabación y filmación de la conversación mantenida entre el afectado y los periodistas (y no una conversación habida entre terceras personas), estos se limitan a recoger documentalmente mediante artificios técnicos de escucha y filmación el contenido de lo que el propio investigado les comunicó voluntariamente. De esta forma, si por ejemplo dos personas están conversando en una habitación, una de ellas podría realizar la grabación si conocimiento del otro, pero no podría hacerse por un tercero ajeno.

En consecuencia, con carácter general, las grabaciones ocultas, ya sean de video, de audio o de ambas, para no ser constitutivas de delito, deben versar sobre temas profesionales del sujeto investigado que sean de interés público; deben haberse realizado en un lugar que no esté incluido en el ámbito íntimo del sujeto; y el que las está realizando debe ser uno de los participantes en la conversación (el periodista).

Por tanto, hechas en estos términos, las grabaciones con cámara oculta no serían constitutivas de delito, lo que no excluye la cuestión de si puede o no hacerse uso de ellas para emitirse en un programa de televisión, lo que, en su caso habría de analizarse por los tribunales civiles, como analizamos a continuación.

9.3. ¿Es legítimo el uso de la cámara oculta?

Respecto al uso de la llamada cámara oculta (grabación de imágenes mediante mecanismos ocultos de filmación) siempre ha existido un debate (que posteriormente se trasladó a los tribunales) sobre su licitud, con dos claras posturas: por un lado, la que defiende que los ciudadanos tienen derecho a estar informados, como uno de los pilares del estado democrático, lo que justificaría su uso, como medio para conseguir la veracidad de la noticia de forma indubitable; y por otro lado, la que defiende que los derechos al honor, intimidad y propia imagen de los investigados debe prevalecer sobre el interés informativo y debe hacerse uso de otras técnicas periodísticas que no resulten tan intrusivas.

Por tanto, la cuestión radica en si es conveniente prescindir de un instrumento que se pone al servicio del conocimiento por la opinión pública de hechos indiscutiblemente veraces e irrebatibles al estar escenificados y reconocidos por sus propios protagonistas. Y para responder a esta pregunta debemos acudir a la ponderación entre el derecho a la información del artículo 20 de la Constitución y los derechos personalísimos del artículo 18 de la Carta Magna a que ya aludimos más arriba, para determinar qué debería preponderar a la hora de decidir si estos hechos deben salir a la luz.

En 1994 el Tribunal Europeo de Derechos Humanos declaró que el uso de la cámara oculta no calificaría la actividad periodística como lícita o ilícita, pues los métodos que permiten hacer reportajes objetivos y equilibrados pueden variar considerablemente, principalmente en función del medio de comunicación de que se trate y no corresponde los tribunales sustituir a la prensa en la decisión de que técnicas deben utilizar los periodistas.

Como veremos a continuación, aunque este fue también el criterio asumido por los tribunales patrios inicialmente, esta posición fue posteriormente abandonada por nuestra jurisprudencia, priorizando la protección de los derechos fundamentales de los investigados que les confiere el artículo 18 de la Constitución, sin perjuicio de que nuevas resoluciones del Tribunal Europeo de Derechos Humanos pueden provocar que esta situación cambie de nuevo.

9.4. Situación antes de 2009

Hasta diciembre de 2008, el uso de la cámara oculta en el periodismo de investigación contaba con el amparo de los tribunales, que secundaban la doctrina jurisprudencial europea, de forma que la práctica totalidad de las resoluciones judiciales eran favorables a ello, sobre la base de entender que el derecho de información del artículo 20 de la Constitución no es sólo un derecho fundamental de cada ciudadano, sino que supone la garantía de una opinión pública libre, como valor fundamental y pilar del estado democrático.

Y en aplicación de este criterio, se consideraba que cuando el derecho a la información entraba en conflicto con otros derechos fundamentales (honor, intimidad y propia imagen), las limitaciones que pudieran producirse nunca podrían desnaturalizar su contenido porque goza de una posición preferente, siempre que se trate de información relativa a un asunto de interés general, que los hechos difundidos sean veraces y se limite a un interés informativo.

Por tanto, en los supuestos de colisión entre estos derechos, es necesario hacer una ponderación, partiendo de la prevalencia, que no superioridad jerárquica, del derecho a la información sobre los derechos personalísimos, ya que aquella constituye uno de los fundamentos esenciales de una sociedad democrática y una de las condiciones primordiales de su progreso y del desarrollo individual, la cual no sólo comprende informaciones e ideas aceptadas favorablemente o consideradas inofensivas o indiferentes, sino también aquellas que chocan, molestan o inquietan, pues así lo quieren el pluralismo, la tolerancia y el espíritu de apertura sin los cuales no existe una sociedad democrática.

Sentado lo anterior, esta prevalencia no es automática, sino que se exige que se cumplan tres requisitos: que se trate de información veraz, entendida como que se haya producido una comprobación razonable por parte del periodista, según ya hemos comentado anteriormente; que esté referida a asuntos de interés general por las materias a que se refieren y por las personas que en ellos intervienen; y que se limite al fin informativo que se pretenda dándole un matiz injurioso, denigrante o desproporcionado, sino limitándose a contribuir a la formación de la opinión pública.

En el supuesto concreto del uso de la cámara oculta, el requisito de la veracidad se entendía cumplido por definición, toda vez que las propias imágenes ratificaban la certeza de lo expuesto. Esta veracidad presupone la espontanea producción de los hechos (en especial cuando son delictivos) por los autores de los mismos, y, por tanto, excluye la inducción a su realización que se produciría cuando los periodistas, con el objeto de averiguar el delito y aportar pruebas para poder iniciar un proceso, no se limiten a investigar las actividades delictivas de manera pasiva, sino que ejerzan influencia sobre el sujeto que le incite a cometer un delito, de forma que, sin esa influencia, no lo hubiera cometido.

Respecto al interés general, se entendía que la cámara oculta era un medio apropiado para denunciar cuestiones que sean del interés de los ciudadanos (fraudes, corrupción política, etc.), aunque resultaba más discutible que se pudiera utilizar para hacer averiguaciones sobre temas más frívolos (por ejemplo, relacionados con la prensa del corazón), pues el criterio para determinar la legitimidad o ilegitimidad de las intromisiones en la intimidad de las personas no sería el de la veracidad, sino exclusivamente el de la relevancia pública del hecho divulgado, es decir, que su comunicación a la opinión pública, aun siendo verdadera, resulte ser necesaria en función del interés público del asunto sobre el que se informa.

Por último, el fin informativo se presumía por la propia finalidad del programa (reportaje de investigación), esto es, informar sobre temas de actualidad y la labor de investigación llevada a cabo, realizada con el objetivo de facilitar al público una información veraz.

9.5. Vuelco jurisprudencial

Sin embargo, en enero de 2009 se dictó una sentencia por el Tribunal Supremo que cambió radicalmente el criterio sobre el uso de la cámara oculta (lo que fue confirmado por otra sentencia del Tribunal Constitucional en 2012), por lo que, desde entonces, es la doctrina aplicable desde el punto de vista legal en esta materia. De esta forma, aunque el reportaje reúna los requisitos de veracidad, fin informativo e interés general que hemos comentado, no se considera lícito el uso de la cámara oculta debido a que la autorización al periodista para entrar en el lugar de trabajo del sujeto afectado no puede ser interpretada como consentimiento a la grabación ni a la difusión de lo grabado, por lo que existiría intromisión en los derechos fundamentales a la intimidad y a la propia imagen al privar al individuo de su derecho a decidir.

El caso al que se refieren estas sentencias es el del reportaje de investigación que se hizo por Canal Mundo, y que se emitió en el valenciano Canal 9, sobre las actividades desarrolladas por una supuesta naturópata que ofrecía curaciones milagrosas a enfermedades severas a cambio de sustanciosas cantidades de dinero. Aunque se admite que el reportaje fue plenamente veraz y que tampoco puede discutirse el interés general en informar de los riesgos que se corren cuando alguien desempeña sin titulación una actividad para la que la sociedad ha considerado necesario un título que le habilite; sin embargo, se considera que los periodistas debieron contar con el consentimiento de la persona investigada para hacer la grabación. Por tanto, como ella no era consciente de que le estaban investigando y, por tanto, no prestó su consentimiento para que le grabaran, se considera que el uso de la cámara oculta resulta intrusivo.

La cuestión es que esta autorización previa desvirtuaría el propio sentido de la utilización la cámara oculta, pues el desconocimiento por parte del investigado de que está siendo grabado es lo que provocaría que se muestre con una naturalidad y espontaneidad, que no tendría de saber que está siendo filmada. ¿Sería posible descubrir los hechos revelados con el uso de la cámara oculta si previamente se informara al sujeto de la actividad periodística que se está llevando a cabo?

Asimismo, se dictamina que la intimidad de esta señora resultó violada, ya que la reportera fue atendida por ésta en la parte de su vivienda destinada a consulta, lo que también contradeciría la previa doctrina constitucional, toda vez que se entendía que la esfera íntima de la persona no engloba el lugar que destina a trabajo con independencia que se halle en su domicilio.

Y finalmente se estableció que la cámara oculta no era imprescindible para descubrir la verdad de lo que acontecía en la consulta y que hubiera bastado que la reportera entrevistara a los clientes de la misma. Al margen de que resulta dudoso que estas entrevistas pudieran lograr un nivel de información similar al que se obtiene con la cámara oculta, en todo caso, según establece el Tribunal Europeo de Derechos Humanos, los métodos que permiten hacer reportajes objetivos y equilibrados pueden variar considerablemente, principalmente en función del medio de comunicación de que se trate, sin que corresponda a los tribunales decidir qué técnica deben utilizar los periodistas.

En resumen, la doctrina expuesta únicamente admitiría el uso de la cámara oculta cuando lo justifique el interés público en el conocimiento de los hechos y ese medio sea imprescindible para obtener la información y, además, proporcionado para que la lesión de los derechos fundamentales sea la menor posible. Dado que se antoja difícil distinguir entre cuándo el uso de la cámara oculta es imprescindible y la sanción que ello puede acarrear ha provocado que en los últimos años haya decaído mucho la utilización de la cámara oculta.

Esta doctrina permanece vigente en la actualidad, lo que viene confirmado por la sentencia dictada en 2016 por el Tribunal Supremo, que confirma la previamente dictada por la Audiencia Provincial de Madrid, de manera que el mero uso del medio utilizado para el reportaje (la cámara oculta) se instituye en premisa básica para la estimación de una vulneración del derecho a la intimidad y a la propia imagen de la parte demandante, ya que la cámara oculta proporciona una especial capacidad de intrusión, dado que la persona objeto de un reportaje en este modo se ve impedida para impedir la realización y posterior publicación de lo grabado. Y se considera que la utilización de la cámara oculta parte de un engaño previo que el periodista realiza para poder acceder a un ámbito reservado de la persona afectada, con el fin de grabar sus acciones y provocar sus reacciones o registrar incluso declaraciones de la misma, que es improbable que se hubieran podido lograr si el periodista se hubiera presentado con su verdadera identidad y con sus verdaderas intenciones y propósitos.

Dicho esto, habría una forma de legitimar el uso la cámara oculta, que pasaría por recabar el consentimiento del afectado con posterioridad a la grabación. El problema es que es posible que este ulterior consentimiento pudiera conseguirse en el caso de programas de humor (bromas con cámara oculta), pero resulta complicado que lo preste alguien que ha sido objeto de una investigación, fruto de la cual, quedaría demostrado que ha cometido acciones delictivas o poco éticas.

Por último, existiría un método para disminuir el riesgo de que el investigado acuda a los tribunales, que consistiría en no decir su nombre, pixelar su cara y distorsionar voz, de forma que no sea identificable cuando se emita el programa. Aunque ello no implicaría una sanación del incumplimiento de la doctrina jurisprudencial expuesta, lo cierto es que es probable que el afectado dude antes de interponer una demanda en la que él mismo tendría que identificarse y señalar que el reportaje de investigación se refiere a su persona.

9.6. ¿Rehabilitación de la cámara oculta?

Sin perjuicio de que la utilización de la cámara oculta esté aparentemente proscrito en la actualidad debido a la actual interpretación de nuestros tribunales, lo cierto es que ello no ha suprimido la tradicional doctrina del Tribunal Europeo de Derechos Humanos defensora de no entorpecer la labor de la prensa, evitando interferir en los métodos utilizados por los periodistas, siempre que la información sea veraz, de interés general y proporcional a la finalidad buscada con la publicación de la noticia.

Y es que, si bien es cierto que el uso de la cámara oculta podría resultar excesivo –intrusivo, como dicen los tribunales– para aflorar noticias que carecerían de interés general objetivo (como, por ejemplo, si alguien tiene pareja o si un deportista ha salido de fiesta); también lo es que hay informaciones que deberían ser conocidas por los ciudadanos (cuestiones de salud pública, comisión de delitos, etc.) y que, de no ser por la cámara oculta, nunca saldrían a la luz lo que podría justificar su uso como imprescindible.

En esta línea, el Tribunal Europeo de Derechos Humanos resolvió en 2015 –y, por tanto, posteriormente a la sentencia del Tribunal Constitucional de 2012– el caso planteado por los periodistas suizos Ulrich Mathias Haldimann, Hansjörg Utz, Monika Annemarie Balmer y Fiona Ruth Strebel por vulneración del artículo 10 del Convenio Europeo de Derechos Humanos, quienes fueron condenados por la Corte Suprema de Zurich en 2009 por el uso de cámaras ocultas en un reportaje en el que investigaron las prácticas ocultas de los corredores de seguros, a pesar de que la cara del individuo fue pixelada y su voz distorsionada.

Este procedimiento se produjo a raíz de que en 2003 se emitió en el programa de televisión semanal "Kassentruz", especializado en tratar temas sobre protección de los consumidores, un documental sobre la venta de seguros de vida debido al descontento existente con algunas prácticas de los corredores de seguros. Una periodista se hizo pasar por cliente y colocó dos cámaras ocultas y grabó la conversación a la vez que se retransmitía en directo a una sala contigua dónde estaba otra periodista junto con un especialista en seguros. Al final de la entrevista, se informó al corredor de seguros que había sido grabado, que admitió que sospechaba lo que estaba ocurriendo y se negó a hacer comentarios.

Pues bien, esta fue la primera ocasión en la que el Tribunal Europeo de Derechos Humanos se pronunció expresamente sobre el uso de la cámara oculta con fines periodísticos en un reportaje sobre un tema de interés general y estimó el recurso de los periodistas en aplicación de su jurisprudencia que ya hemos comentado sobre los criterios para ponderar la libertad de expresión y el derecho a la privacidad, tales como la contribución a un debate de interés general, la conducta precedente del investigado, el método empleado para la obtención de la información, la veracidad de la información, la repercusión del programa y la sanción impuesta.

De esta forma, se entiende justificado el uso de la cámara oculta debido a que el corredor de seguros afectado no es una figura pública y el documental no tenía por objeto criticarle personalmente, sino denunciar las malas prácticas comerciales de un sector concreto y la falta de protección de los consumidores ante ellas, lo que es considerado como una materia de interés general.

Asimismo, se especifica que, aunque el reportaje se emitiera en un medio de comunicación audiovisual signifique un perjuicio mayor que si hubiera sido a través de prensa escrita, valora el hecho de que la cara y la voz del corredor de seguros fueron alteradas y la entrevista no se hiciera en su establecimiento habitual de trabajo, por lo que entiende que no se produjo ninguna injerencia en su vida privada.

Como conclusión de todo ello, el Tribunal Europeo de Derechos Humanos dispone que la condena a los periodistas supone una forma de disuadir a los medios de comunicación a expresar críticas y declaró que ello supone una vulneración del artículo 10 del Convenio Europeo de Derechos Humanos que, al igual que nuestro artículo 20 de la Constitución salvaguarda el derecho a la información y la libertad de expresión, que comprenden la libertad de opinión y la libertad de recibir o de comunicar informaciones o ideas sin que pueda haber injerencia de autoridades públicas y sin consideración de fronteras.

Dicho esto, sin perjuicio de la posibilidad de invocar esta doctrina del Tribunal Europeo de Derechos Humanos en aquellos procedimientos en que se debata esta cuestión, será necesario que la misma sea incorporada a nuestro ordenamiento jurídico, bien a través de una norma o de un nuevo cambio jurisprudencial que reintegre a la cámara oculta el retirado amparo.

En esta línea, el Tribunal Supremo ha dictado una sentencia en febrero de 2017 en la que, admitiendo que el uso de la cámara oculta puede no ser ilegítimo si resulta proporcionado al interés público y que no cabe descartar su uso para descubrir casos de corrupción política o económica al más alto nivel que deban ser conocidos y trasmitidos a la opinión pública con la contundencia inherente a la grabación de la voz; desestima la demanda interpuesta por violación de los derechos a la intimidad personal y a la propia imagen de la demandante (cargo político) por la inclusión en la edición digital del periódico "El Triangle" de un link con la reproducción íntegra de la grabación con cámara oculta de una conversación privada mantenida por ésta con otra persona en el reservado de un restaurante.

10.
Ojo con Internet y las redes sociales

Hoy en día resulta difícil realizar cualquier actividad empresarial o profesional sin tener presencia en internet, y la televisión no es una excepción. De esta forma, cadenas, productoras, directores, actores, presentadores, guionistas, etc. disponen de páginas webs, blogs y perfiles en redes sociales como Youtube, Facebook, Twitter, Instagram, Linkedin, Vimeo, Dailymotion, etc.

Y, en efecto, las redes sociales resultan de gran utilidad en el mercado televisivo, pues posibilitan la promoción de contenidos, generan vías de comunicación con el espectador con posibilidad de retorno y son muy eficaces para establecer audiencias que interactúen con los contenidos televisivos, además de que permiten acceder a los gustos de los usuarios fuera del medio televisivo, evitando que se pierda esta valiosa información por la volatilidad de sus mensajes.

Pero es más, el modelo de negocio televisivo está evolucionando y algunas productoras (por ejemplo, Cuerdos de Atar con "sinflitros.com") y las cadenas tradicionales tienen páginas web donde poder acceder a sus contenidos en cualquier momento ("mitele.es" de Telecinco, "atresplayer.com" de Antena 3, "A la carta" de TVE, etc.), al tiempo que han aparecido nuevos operadores como Movistar+, que adquiere contenidos de producción nacional para nutrir sus canales, como #0, con los programas "Late Motiv", "Web Therapy", "Likes", "Movistar Arena", "Cómicos", etc.; o como Canal Orbe 21 con "En tierra de los nadie".

E, incluso en el marco de la actividad en sentido tradicional, el hecho de que un programa se emita por la televisión convencional no obsta a que existan líneas de explotación derivadas como juegos on line, apps, videos en Youtube, etc., por lo que es fundamental conocer también la normativa aplicable al mundo virtual, ya que, cada vez más, el sector audiovisual se está trasladando de los televisores a las tablets.

10.1. Página web

Como en cualquier negocio del siglo XXI, debemos contar con una página web que nos sirva de escaparate para clientes (cadenas y operadores que deseen adquirir nuestras producciones), potenciales colaboradores (que puedan comprobar con quien van a trabajar) y cualquier persona que quiera tener información sobre nuestra actividad. Lo que no está en internet no está en el mundo.

Lo usual es que necesitemos contratar a un profesional para la creación, diseño y desarrollo técnico de página web, para lo cual es importante establecer que la obra se realizará con los estándares de calidad, disponibilidad, fiabilidad y respuesta de acuerdo que se hayan pactado, especificando si va a existir un servicio de mantenimiento posterior y, si es así, en qué términos y condiciones.

Es importante que el profesional, como concepto incluido en la remuneración pactada, ceda en exclusiva, con facultad de cesión a terceros en exclusiva o no, para todo el mundo y hasta su paso a dominio público, por cualquier medio y bajo cualquier forma, todos los derechos de propiedad intelectual sobre la página web y todos sus elementos creativos, así como sobre cualesquiera elementos asociados a la misma y, en especial, los de reproducción, distribución, comunicación pública y transformación. En virtud de dicha cesión de este derecho de transformación, la productora tendrá la facultad para, por sí misma o por medio de terceras personas físicas o jurídicas, llevar a cabo una y sucesivas obras derivadas o compuestas de la página web y explotarlas, durante el máximo periodo de tiempo contemplado en la legislación vigente, para todo el mundo, por cualquier medio y bajo cualquier forma.

Respecto a la propiedad industrial, sin perjuicio de que la productora conservará sus derechos de propiedad industrial sobre sus marcas y demás signos distintivos, habremos de autorizar al profesional a utilizar los mismos en la página web, a los exclusivos efectos de la ejecución del contrato y, en su caso, para su utilización como referencias en su portfolio como referencia de un trabajo bien hecho (lo que en determinados casos puede ser recomendable, pues, también puede ser beneficioso para la productora que se le asocie con empresas conocidas que también hayan contratado los servicios del profesional que haga la página web).

En cuanto al sistema de responsabilidades, el profesional será garante de cualquier cumplimiento defectuoso o incumplimiento de sus obligaciones contractuales y cualquier pérdida de datos que genere daños y perjuicios a la productora o a terceros; así como de las reclamaciones de terceros relacionadas con los contenidos incluidos por él (no por la productora) en la página web; garantizando que los contenidos incluidos por este en la página web, ya sean propios o de terceros, no vulnerarán ni infringirán patentes, marcas, derechos de autor u otros derechos de propiedad industrial e intelectual o cualesquiera derechos de terceros de naturaleza análoga, ni de ningún modo constituirán competencia desleal.

Para el supuesto de resolución anticipada del contrato, es importante prever que todos los materiales y contenidos generados por el profesional en el marco del contrato pertenecerán en exclusiva a la productora, sin que corresponda pagar cantidad adicional alguna.

Una vez que disponemos de página web, ésta debe cumplir una serie de requisitos para ser acorde con la legislación. A tal fin, se la debe dotar de una "Política de privacidad" y de un "Aviso legal y condiciones de uso", donde los usuarios puedan obtener los datos de identificación del titular de la página web y aceptar los términos de uso de la página web, de forma que no puedan alegar posteriormente que no los conocían. En ambos casos es conveniente reflejar la fecha de la última actualización de los textos.

De esta forma, se incluye una referencia expresa a que, de conformidad con lo dispuesto en la normativa sobre protección de datos, mediante la aceptación de la "Política de Privacidad", el usuario presta su consentimiento informado, expreso, libre e inequívoco para que los datos personales que proporcione a través de la página web sean incluidos en un fichero propiedad de la productora, debidamente inscrito ante la Agencia Española de Protección de Datos, y respecto del que se garantiza que han sido aplicadas las medidas de seguridad, tanto organizativas como técnicas, requeridas legalmente.

Por lo que se refiere al "Aviso legal y condiciones de uso", se especifica que el acceso al sitio web supone la aceptación expresa del usuario a las condiciones generales de uso que se encuentren recogidas, sin perjuicio de que podrán ser modificadas o sustituidas por la productora en cualquier momento y sin previo aviso. Por tanto, si el usuario no está de acuerdo con los términos expuestos, se le indica que no acceda, navegue o utilice la página web.

Esta aceptación de las condiciones generales por parte del usuario supone un contrato con la titular de la página web (la productora), por lo que ésta se compromete a adoptar todas las medidas a su alcance para impedir cualquier tipo de conducta contraria a las leyes españolas y cooperará con las autoridades competentes en la identificación de los sujetos responsables de las acciones que puedan suponer violaciones de las normas aplicables al sitio web. No obstante, el acceso a determinados contenidos y la utilización de algunos servicios puede encontrarse sometido a condiciones particulares que podrán sustituir, completar o modificar las condiciones de uso, que deberán ser claramente mostradas y aceptadas expresamente por los usuarios.

Como tal contrato, el texto debe tener previsiones en materia de propiedad intelectual e industrial, responsabilidades y garantías, confidencialidad, protección de datos, legislación aplicable y jurisdicción competente, etc. En particular, es conveniente indicar que las conexiones y enlaces a páginas web de terceros se establecen únicamente como una utilidad para el usuario, por lo que la productora no es responsable del contenido de dichas páginas web.

10.2. Redes sociales

De la misma forma, el cuidado de la buena imagen y reputación de la productora en las redes sociales constituye un activo crucial, pues los resultados que obtengamos se verán seriamente afectados por la proactividad y difusión que se haya hecho de nuestra imagen y de los espacios producidos, para lo cual las redes sociales son un medio incomparable.

Pero la importancia de éstas no acaba ahí, ya que, frente a la actitud pasiva del espectador en el pasado, que se conformaba con ver el programa de televisión sin más y limitaba su participación a llamadas telefónicas en momentos puntuales, ahora los televidentes pueden interactuar en el programa de forma masiva e instantánea a través de las redes sociales (principalmente Twitter y Facebook), cuyos mensajes, en muchas ocasiones, son reproducidos simultáneamente en la pantalla junto con las imágenes del programa.

Por ello, es importante que la productora tenga una presencia importante en las redes sociales, no solo con el perfil de la propia productora, sino de sus programas y cualquier otra información relevante. Sin perjuicio de ello, será necesario coordinarse con las cadenas que emitan nuestros programas, pues tienen un equipo que se encarga de las redes sociales y suelen incluir en los contratos una previsión que les faculta para la aprobación de cualquier en uso de cuentas en redes sociales y nombre de usuario o hashtag (#) asociados a los programas e, incluso, en caso de coadministración de redes sociales, se reservan la apertura de las cuentas, el diseño y modificación de los perfiles, la configuración de las cuentas y la publicación de novedades del programa como fechas de estreno, fichajes, cambios de horario, renovaciones, etc.

Sin embargo, no todos los programas permiten el mismo grado de participación a los usuarios de las redes sociales, de forma que unos tiene una actitud pasiva, en la que se ofrece un hashtag al público, sin que sus comentarios se puedan incluir debido a que, por ejemplo se trate de programas grabados o en falso directo, como sería el caso de "Comando actualidad" (TVE) o "#Más vale tarde" (La Sexta).

Otros, normalmente programas en directo, dan un paso más y tienen una actitud más o menos activa hacia el telespectador, de forma que incluyen los mensajes de los usuarios sobre el contenido del programa y, a veces, incluyen alguna sección basada en estos mensajes, como sería el caso de "El Objetivo·(La Sexta), "La noche en 24 horas" (Canal 24 horas), etc.

Finalmente, otros permiten una actitud participativa, dando cabida a la conversación generada con los usuarios en las redes sociales, como en "El chiringuito de jugones" (Mega), donde se leen los mensajes de los telespectadores en las redes sociales, o en "Zapeando" (La Sexta), donde se hacen encuestas a los espectadores durante el programa a través de Twitter ofreciendo dos opciones, de forma que los que quieren votar una opción le dan a "me gusta" y los que desean hacerlo a la otra opción a "retweet".

Para lograr el deseable objetivo de la proactividad, en la línea de la profesionalización que venimos comentando, en los últimos años ha cogido mucho auge las empresas que se dedican a maximizar el valor del canal de Youtube, ayudando a gestionarlo y ampliar la audiencia y los ingresos obtenidos por esta vía y, en especial, la figura del "community manager", que es quien planifica, administra y gestiona las redes sociales, siendo su función principal sostener, acrecentar y defender las relaciones de la productora en el ámbito digital, mediante la creación, análisis y direccionamiento de la información contenida en blogs y páginas webs, así como la monitorización de su actividad e impacto de su presencia en internet, la gestión del tráfico de la página web titularidad de la productora y la creación de estrategias de comunicación digital.

En el caso de contar con este profesional, es necesario suscribir un contrato en el que, en primer lugar, se deje la lógica y necesaria iniciativa al profesional para realizar su trabajo, sin perjuicio de que cualquier medida tendente a la intensificación de la presencia de la productora en medios sociales más allá de lo regulado en el contrato requiera el consentimiento previo y escrito de la productora. Este supuesto está pensado para el caso de que se desee hacer una campaña de gran impacto, que, por ejemplo, puede lograr ser "trending topic", pero por su temática podría tener efectos negativos para la productora que debe asumir conscientemente.

Además del compromiso de cumplir con la normativa de aplicación, en especial, la de protección de datos, en particular, dado que el sector de actividad en el que opera la productora, el profesional debe obligarse al cumplimiento de las políticas del sector audiovisual y digital, tales como el Código de Conducta Publicitaria de Autocontrol, la Guía sobre el uso de las cookies, el Código de Buenas Prácticas de "EASA Best Practice Recommendation on Online Behavioural Advertising", etc.

Dado que el profesional presta sus servicios para la productora a cambio de una retribución, también es importante reflejar en el contrato que la contraprestación económica incluye los derechos de propiedad intelectual, industrial y, en general, todos los que puedan derivarse de la relación contractual, incluidos los de imagen, con facultad de cesión a terceros, en exclusiva o no, para todo el mundo y hasta su paso a dominio público, por cualquier medio y bajo cualquier forma, que pudieran generarse como consecuencia de la prestación de los servicios y, en especial, los derechos de reproducción, distribución, comunicación pública y transformación.

Respecto a las marcas, logotipos, nombres comerciales, contenidos sonoros, audiovisuales, señales y signos protegidos por los derechos de propiedad intelectual e industrial pertenecen a la productora, por lo que debe quedar terminantemente prohibido que el profesional pueda reproducir, copiar, modificar o manipular de ningún otro modo cualquiera los mismos, más allá de lo previsto al objeto de dar cumplimiento a las obligaciones asumidas en el contrato.

En cuanto al material generado en el marco del contrato, el profesional debe garantizar que ostenta, original o derivativamente, todos los derechos o autorizaciones necesarios y que la productora será la única facultada para llevar a cabo la efectiva y pacífica explotación de tales materiales.

Por lo que se refiere al acceso y uso de los equipos que, en el caso de que fuera necesario, pudiera facilitar la productora, se ceñirá exclusivamente a la prestación de los servicios, quedando expresamente prohibido su uso y acceso con fines privados o para realizar actividades ajenas a las comprendidas en el objeto del contrato.

Una labor de esta naturaleza requiere que la productora confíe en el buen juicio y criterio del profesional, lo que implica que éste debe mantenerla puntualmente informada y que, al tratarse de una actividad intuitu personae, no podrá ceder, traspasar o subrogar a terceros, ni subcontratar con ellos los derechos y obligaciones derivados del contrato sin el expreso consentimiento y autorización de la productora. En tal caso, para que dicha cesión resulte válida, el cesionario deberá subrogarse en los derechos y obligaciones derivados del contrato, sin perjuicio de que esta subcontratación no afectará a las obligaciones adquiridas por el profesional, que deberá responder frente a la productora de las actuaciones de los subcontratistas.

En cualquier caso, no está de más establecer la prohibición de no divulgar información confidencial y de no realizar ninguna actividad que, desde un punto de vista objetivo, pueda resultar perjudicial para la reputación o buen nombre de la productora; así como que el diálogo que el profesional realice en nombre de la productora en redes sociales con sus seguidores o cualesquiera terceros se basará en el respeto y la buena educación y con las pautas y criterios dictados por la productora y las buenas prácticas del sector.

Por último, es conveniente establecer que las cuentas y perfiles de la productora en redes sociales permanecerán en todo momento bajo la titularidad de ésta, así como sus resultados y seguidores, con independencia de la efectiva gestión que pueda realizar el profesional, por lo que éste debe obligarse a velar por la custodia de las claves de las cuentas y perfiles durante la vigencia del contrato, comprometiéndose a devolverlas al término del mismo o cuando la productora así lo requiera.

10.3. Transmedia

Esta confluencia entre el mundo de los contenidos con internet y las redes sociales ha dado lugar a lo que se conoce como la narrativa transmedia, donde una misma historia se despliega a través de múltiples medios y plataformas de comunicación y en el cual los usuarios asumen una posición activa en su difusión. De esta forma, los formatos que se pueden utilizar para este fin son apps, videos y audios (grabados en streaming, radios on line, etc.), blogs, cómics, e-books, eventos, juegos, webs y, por supuesto, las redes sociales.

En su aplicación a la industria televisiva, se parte de contenidos creados por y para la televisión convencional, al que se le aplican diversas técnicas para hacerlo presente de forma constante en el usuario, y no solo cuando se sienta en el sofá a ver el programa. Para lograr este fin, se desarrollan historias relacionadas con el programa, que se lanzan a través de diferentes formatos mediáticos de forma simultánea y con contenidos coordinados.

De esta manera, no se trata de una actividad guionizada, sino que, partiendo de una línea maestra, las acciones que se aplican se van ajustando a lo que van contestando los propios seguidores de la serie, para lo que resulta fundamental que el equipo de producción interactúe con los seguidores, consiguiendo con ello que todas las iniciativas transmedia lleven implícita la trama, los personajes y las experiencias del programa.

Son muchos los ejemplos en el mundo del cine ("The matrix", "Harry Potter", "Star Wars", "El Señor de los anillos", etc.) y la televisión ("The walking dead", "Los Simpsons", las series de personajes de "Marvel", etc. Algunos ejemplos en producciones televisivas españolas son los que se hicieron con las series "Águila Roja" (TVE), "Cuéntame cómo pasó" (TVE), "Isabel" (TVE), "Gran reserva" (TVE), "La que se avecina" (Telecinco) o "El secreto de Puente Viejo" (Antena 3).

Innovadores fueron en su momento los "twittersodios" de "El barco" (Antena 3), que provocaron que muchos usuarios se crearan expresamente la cuenta en Twitter para seguirlos, debido a que los contenidos se lanzaban desde unas cuentas expresamente creadas en esta red social asociadas a los personajes principales de la serie, que interactuaban con sus seguidores. Esto generaba muchos contenidos complementarios a los del episodio, exclusivos para los telespectadores que empleaban la red social, tales como comentarios de los personajes sobre la trama, microhistorias paralelas, material adicional procedente de descartes, enlaces a imágenes y vídeos con pistas para el seguimiento de la historia, etc.

Aunque la difusión de los mensajes principales se realizaba un hora antes de la emisión de la serie desde dichas cuentas de Twitter, separando los mensajes en dos columnas para facilitar la comunicación (a la izquierda los de los personajes y a la derecha los de los fans), durante la semana se publicaban de forma aleatoria comentarios de los personajes para fomentar la interactuación de los espectadores, lo que contribuía al recuerdo de la siguiente emisión. En total, cada "twittersodio" publicaba unos ciento cincuenta tweets, logrando ser "trending topic" en la mayoría de los días de emisión de la serie.

10.4. Youtubers

Las nuevas tecnologías han posibilitado que para la creación de contenidos audiovisuales ya no sea necesario contar con un complejo y carísimo equipo, sino que basta disponer de una webcam para realizar un video y de conexión a internet para colgarlo, normalmente en Youtube (de ahí el nombre de los youtubers), aunque puede realizarse en cualquier otra plataforma; con lo que se puede conseguir visualizaciones que, en ocasiones, se cuentan por millones, logrando audiencias que ya quisieran muchos programas de televisión convencionales, lo que se traduce en ingresos millonarios gracias a la publicidad, mediante links e, incluso, de forma directa.

Además, el coste de producción de estos vídeos suele ser mínimo, pues solo requiere contar experiencias personales, o disponer del videojuego que va a comentar mientras juega ("gameplays"), o haber comprado el producto (teléfonos, tablets, ropa, juguetes, etc.) que se va a desembalar delante de la cámara ("unboxing"), etc. Evidentemente, el éxito del vídeo vendrá determinado por lo reconocido que sea el youtuber, como sería el caso de PewDiePie, Smosh, DisneyCollector, Dalas Review, Isasaweis, Bolli, Toni Valvuena, Mangel, etc.

El éxito de estas personas ha hecho que hayan adquirido la condición de "influencers", con gran capacidad para acercarse al público más joven, lo que ha hecho que muchos de ellos se hayan profesionalizado y generen ingresos económicos a través de la publicidad por medio de links, la inclusión de product placement en sus vídeos y tweets (en los que deberían incluir la etiqueta "#publi") e, incluso, hagan promoción directa de algunos productos, con la correspondiente compensación económica, como fue el caso de la campaña de "Fanta" protagonizada por el famoso Rubén Doblas, alias "El Rubius".

Esta profesionalización hace que nos preguntemos si esta actividad audiovisual está sometida a la normativa de la Ley General de la Comunicación Audiovisual. Pues bien, siendo cierto que esta ley establece que estarían excluidos de su ámbito de aplicación los sitios web de titularidad privada y los que tengan por objeto contenido audiovisual generado por usuarios privados (como sería el caso de los youtubers), también es cierto que se refiere a que se trate de comunicaciones audiovisuales sin carácter económico, que no constituyan medios de comunicación en masa, es decir, que no estén destinados a una parte significativa del público y que no tengan un claro impacto sobre él (lo que no concurriría en el caso de los youtubers). Por tanto, entendemos que la actividad de los youtubers estaría afectada por esta normativa, con lo que les sería de aplicación todo lo que hemos comentado sobre la producción audiovisual.

Además deben cumplir la normativa mercantil, contable, tributario, etc.; y desde el punto de vista de la privacidad, en el caso de que el youtuber haga una explotación de los datos de los suscriptores de su canal de Youtube, así como si se realizan campañas que puedan tener carácter comercial, habría de cumplir la normativa de protección de datos de carácter personal y de comercio electrónico, así como en las condiciones generales de la propia red social, lo que tendría mayor relevancia si se aplican técnicas de segmentación de la información ("profiling") o se tratan datos de menores.

10.5. Viralización de contenidos infractores de derechos

Con la proliferación de las redes sociales, es habitual que determinados contenidos audiovisuales se troceen en pequeños vídeos o imágenes (píldoras), fáciles de distribuir en internet y sistemas de mensajería, en especial a través de Youtube, Facebook, Twitter, Whatsapp, Line, etc. Nos hemos acostumbrado a que, con la excusa de cualquier acontecimiento más o menos relevante, surgen multitud de los llamados "memes" (contenidos creados por y para internet que se distribuyen de forma viral por los usuarios al encontrarlos graciosos o útiles). Un ejemplo famoso es el de los que protagoniza (presumimos que involuntariamente, aunque, al parecer, ha manifestado que algunos le hacen gracia) el cantante Julio Iglesias y que incluyen su imagen y cualquier frase que se finaliza con la coletilla "...y lo sabes".

Cuando dichas píldoras incluyen contenidos que corresponden a un programa de televisión y que vulneran derechos personalísimos (honor, intimidad o propia imagen), derechos de propiedad intelectual o industrial, la normativa sobre protección de datos o cualquier otra, este efecto viral a través de la red hace que el daño a la víctima se multiplique exponencialmente.

Siendo esto cierto, no cabría extender la responsabilidad del autor de la vulneración realizada en el programa de televisión, que solo podría ser sancionado por su acción y no por la divulgación posterior que se hubiera hecho del vídeo sin si conocimiento ni consentimiento a través de internet, redes sociales o sistemas de mensajería, cuyos responsables deberían ser los autores de dicha divulgación. Por ejemplo, en el caso de que un tertuliano de un programa de televisión emita en exabrupto y luego se convierta en un video viral, será de responsable de ello respecto de su aparición en el programa, pero no por la viralización del contenido, cuya voluntad le trascendería.

La vía ordinaria para denunciar estos hechos sería la de los juzgados, pero plantea algunos problemas fácticos como determinar el lugar de comisión del delito, la identificación del autor o la tramitación de las comunicaciones con los titulares de los buscadores y redes sociales que suelen tener su domicilio fuera de España (normalmente en Estados Unidos), con lo que se dilata enormemente el procedimiento. Como alternativa, muchas empresas y personajes famosos usan servicios de vigilancia electrónica que monitorizan internet y las redes sociales en busca de noticias y comentarios negativos, que posteriormente se tratan de eliminar mediante sistemas que eviten acudir a los tribunales.

Dicho lo anterior, conviene traer a colación el peligro de que una excesiva intervención para la eliminación del comentario negativo provoque lo que se conoce como "Efecto Streisand", consistente en el intento de censura u ocultamiento de cierta información que fracasa o es, incluso, contraproducente para el que lo pretende, ya que dicha información acaba siendo ampliamente divulgada, recibiendo mayor publicidad de la que habría tenido si no se la hubiese pretendido acallar. Su nombre se debe a la experiencia de la cantante Barbra Streisand, que demandó al fotógrafo Kenneth Adelman y a la página web "pictopia.com" para que retirara unas fotografías aéreas de su casa de California por entender que vulneraban su derecho a la intimidad y, muy a su pesar, lo que consiguió es que algo que no hubiera llamado mayor atención haya acabado siendo una de las fotografías más difundidas en foros y páginas web.

Y es que el tránsito de la información en internet, redes sociales y sistemas de mensajería es ciertamente difícil de controlar. Además, del efecto que hemos comentado, es habitual que se produzcan otros como el "Efecto Manada", consistente en el seguimiento masivo de una noticia por la creencia de que así lo hace la mayoría; o el "Efecto Lázaro", que hace referencia a determinadas noticias que resurgen cada cierto tiempo de forma espontánea.

Una última cuestión a tener en cuenta es la referente a los comentarios que puedan dejar escritos terceros en nuestra página web o muros de redes sociales y que sean vulneradores de derechos de terceros. Pues bien, según establece la teoría del conocimiento efectivo perfilada a partir de la normativa y la jurisprudencia (las famosas sentencias dictadas en los casos "putasgae.org" de la SGAE contra la Asociación de Internautas, y de Ramoncín contra los responsables de la web "alasbarricadas.org"), el titular de la página web (la productora) sería responsable de estos comentarios si ha tomado una participación activa en su elaboración o si, conociendo la ilegalidad de un determinado contenido (lo que se presume, por ejemplo, si el afectado ha enviado un burofax), no actúan con celeridad para retirarlo o impedir el acceso al mismo.

10.6. Votaciones populares

Antes de la llegada de programas como "Operación Triunfo" (TVE y Telecinco), el interés del público por los concursos de canciones se limitaba a la gala anual de "Eurovisión" presentada en España por el recordado José Luis Uribarri, donde el sistema de votación se hacía por los representantes de los propios países participantes. Posteriormente se dio acceso a los espectadores para que votaran por sms, por internet y en 2016 se incorporó la novedad de votar a través de la app oficial.

Y, en efecto, el envío de mensajes sms fue la primera iniciativa que se tomó para fomentar la participación de los usuarios y también fueron los primeros que fueron sobreimpresionados en la pantalla como forma de dar la oportunidad a los telespectadores para dar su opinión. Sin embargo, las redes sociales ofrecen varias ventajas frente a este sistema, como que permiten la intercomunicación aunque no sea el momento de emisión del programa y, sobre todo, no llevan un coste asociado.

En la actualidad es tónica general que en los talent shows se haya generalizado este sistema, así como en muchos programas de debate político, como es el caso de "El cascabel" (13 TV) o "El gato al agua" (Intereconomía), donde se formula una pregunta a la audiencia para que vote durante el programa, exponiéndose durante toda la emisión dos barras con porcentajes, que evolucionan en función de las votaciones de los telespectadores.

El problema de este sistema de votaciones es que se pueda cuestionar su fiabilidad y, con ello, la credibilidad del programa. Para evitar esto, es conveniente que el proceso de votación esté intervenido de alguna manera por un notario o por un tercero de confianza digital, que garantice la transparencia de la votación sin entorpecer la agilidad que proporcionan las nuevas tecnologías.

10.7. Hacia la televisión del futuro.

La televisión ha sido muchas veces vilipendiada injustamente. En el contexto de feroz competencia existente con el cine en la década de los años cincuenta del pasado siglo, se empezó a utilizar despectivamente el término "pequeña pantalla" en referencia al menor tamaño del televisor frente a las dimensiones de la "gran pantalla". Otros la llaman la "caja tonta" en alusión a que verla sería una forma de perder un tiempo que se puede dedicar a otras actividades más culturales.

Supongo que los mismos reproches podrían hacérsele a otros medios como el propio cine, la radio e, incluso, internet. Pero lo cierto es que el problema no es el medio, sino para qué lo utilice el usuario (en un reproductor de dvd puede verse pornografía o documentales sobre historia, lo que no le convierte en bueno ni malo, sino útil para llevar a cabo lo que quiere hacer el usuario, que es el verdadero responsable) y que resulta indiscutible que la televisión ha puesto su granito de arena a la culturización de la población con la divulgación de contenidos de forma generalizada, relevo que están cogiendo internet y todas las tecnologías basadas en ellas como las redes sociales.

Y con esta reflexión finalizamos nuestro paseo por el mundo televisivo, que, seguramente será un punto y seguido, pues, teniendo en cuenta el vertiginoso avance de las tendencias sociales y las nuevas tecnologías que están llamando a las puertas (televisión en 3D, televisores que emiten olores, máquinas de realidad virtual, google glasses, hologramas, etc.), es probable que en breve hayan surgido nuevas formas de expresión audiovisual y modernos sistemas para difundirlas, que traerán consigo conflictos hasta ahora desconocidos a los que habrá que buscar algún remedio. ¡Será apasionante!

Epílogo

Por Daniel Écija Bernal

Hace años que conozco a Javier López y creo que coincidimos todos sus amigos en definirle como un "maquina" y un todoterreno que logra salir de un fangal cuando parecía que no era posible y lo más importante un pedazo de ser humano que auna humildad y generosidad en el esfuerzo.

En mi opinión, esto es una virtud en un abogado, del que se espera ayuda para no cometer errores legales, pero también pericia para avanzar con los asuntos. Por eso, no me sorprendí cuando Javier me contó que había escrito un libro como este, eminentemente práctico y pensado en que resulte útil a quien lo lea.

Seguro que esto no es por casualidad, sino que es la consecuencia lógica de la experiencia de años de un inagotable personaje que siempre ha sabido buscar el equilibrio necesario para dar su consejo legal en el contexto adecuado, evitando que la interpretación estricta de las normas pueda dar al traste con un negocio. Este principio está también reflejado en el libro. Se huye de una redacción en tono de prohibición y la tónica constante es proporcionar la forma de hacer las cosas dentro de la legalidad. Y es que Javier tiene habilidad para resolver los problemas que surgen antes, durante y después de una producción, lo que ha sabido trasladar al libro con un sistemático repaso de los aspectos más importantes del pasado y presente de la producción audiovisual, así como un avance de lo que viene por delante e, incluso, ya tenemos a las puertas, que se prevé novedoso y atractivo.

Sin lugar a duda, la obra desarrolla un extenso trabajo de compilación, fruto de los años de experiencia de Javier en el asesoramiento legal en el sector televisivo y cinematográfico.

Una de las cosas que, creo, son de agradecer especialmente, es que el libro nos ofrece un texto didáctico, bien entrelazado, ameno y de fácil lectura, lo que no significa que no se aprecie el arduo trabajo que hay detrás de cada uno de los capítulos, cuya virtud es que se ha conseguido sintetizar la esencia de los aspectos principales que nos generan preocupación en nuestro día a día, sin caer en extensas explicaciones legales o tecnicismos que nos sumerjan en un lenguaje jurídico que disuada de la lectura. Respecto al método, creo acertado su división en consejos, y apartados dentro de ellos, ya que, finalizada su lectura, convierte al libro en una obra de consulta sobre aspectos concretos que debe estar en la estantería de cualquiera que esté interesado por el mundo televisivo.

Por ello, me costaría destacar alguna parte del libro, pues todo en él resulta complementario y fundamental, y por experiencia lo digo, pues son cuestiones que afectan a las producciones desde su inicio: la importancia de la materialización de una idea, desde que nace en la cabeza de los creadores hasta que se convierte en una serie o programa de éxito; la protección del formato, que es el alma misma de la obra audiovisual y que permite su posterior explotación en otras formas; los aspectos relativos a la propiedad intelectual e industrial, que constituyen el imprescindible sustrato económico en el que se transforma la creatividad que desarrollamos; o el cuidadoso manejo que ha de hacerse de los siempre polémicos derechos al honor, intimidad y propia imagen, de forma que se logre el equilibrio de que no se lesionen, pero tampoco impidan realizar la actividad creativa.

En conclusión, Javier López ha escrito una obra que resume a la perfección las tendencias actuales de los aspectos legales del sector audiovisual, ofreciendo, incluso, una panorámica desde los inicios de la televisión en nuestro país, hasta nuestros días, lo que, para los que ya llevamos algunos años dedicados a esto, resulta, al tiempo, nostálgico y refrescante, y te hace tomar perspectiva de los progresos del mercado televisivo en las últimas décadas, no sólo en los aspectos legales, sino en la transformación que han sufrido los programas y series de televisión en nuestro país, lo que ha provocado que los conflictos surgidos en torno a ellos también hayan experimentado una evolución paralela.

Por tanto, quizás, la mayor virtud del libro sea el meticuloso trabajo realizado, que repasa uno a uno todos los aspectos que necesitamos conocer los que trabajamos en, para o por televisión, así como los que pretendan hacerlo. Por todo ello, por el respeto que me merece el autor, por la calidad que atesora el libro y por los muchos problemas que pueden evitarse conociendo las cuestiones que en él se detallan, me parece muy recomendable su lectura.

Made in the USA
Monee, IL
04 November 2026

67379462R00095